SANTO AFONSO e a IMACULADA CONCEIÇÃO

Ir. ANDRÉ LUIZ OLIVEIRA, C.Ss.R.

SANTO AFONSO e a IMACULADA CONCEIÇÃO

Breve Tratado de Mariologia

EDITORA
SANTUÁRIO

COORDENAÇÃO EDITORIAL: Ana Lúcia de Castro Leite

REVISÃO: Sofia Machado

DIAGRAMAÇÃO: Bruno Olivoto

Dados Internacionais de Catalogação na Publicação (CIP) de acordo com ISBD

O48s Oliveira, André Luiz

Santo Afonso e a Imaculada Conceição: Breve tratado de mariologia / André Luiz Oliveira. - Aparecida : Editora Santuário, 2021.
112 p. ; 16cm x23cm.

ISBN: 978-65-5527-146-1

1. Religião. 2. Cristianismo. 3. Santo Afonso. 4. Imaculada Conceição. I. Título.

2021-3524 CDD 240
CDU 24

Elaborado por Vagner Rodolfo da Silva - CRB-8/9410

Índice para catálogo sistemático:
1. Religião : Cristianismo 240
2. Religião : Cristianismo 24

1ª impressão

Rua Pe. Claro Monteiro, 342 – 12570-000 – Aparecida-SP
Tel.: 12 3104-2000 – Televendas: 0800 0 16 00 04
www.editorasantuario.com.br
vendas@editorasantuario.com.br

“Maria não foi a única preservada, é apenas a primeira.
Maria é a obra-mestra da redenção,
mas não é a única redimida.”

José García Paredes

PREFÁCIO

"Como é bom pensar que fiz alguma coisa para semear nos corações a devoção a Maria!"
(Santo Afonso M. Ligório)

O axioma *"de Maria nunquam satis"* – sobre Maria jamais se dirá o bastante, atribuído a São Bernardo de Claraval (séc. XII), prepara o leitor para mergulhar nas páginas deste "Breve tratado de Mariologia", no qual o autor reflete a dogmática mariana – história, bíblia e teologia – e traz à luz a contribuição de Sto. Afonso Maria de Ligório para o dogma da Imaculada Conceição de Maria, com a sabedoria de não pretender esgotar o assunto.

O leitor é conduzido na superação da "mariolatria" para crescer rumo à sadia mariologia, com metodologia escolástica, indagando sobre o privilégio da santidade atribuído a Maria de Nazaré, nestes termos: a redenção de Cristo alcança Maria como a todo ser humano, mas a Graça lhe foi concedida preventivamente, em virtude de ela ter sido singularmente escolhida por Deus para ser a Mãe de seu Filho. Maria é imaculada porque tem em seu ventre Jesus, o verdadeiro e único santo, de quem emana a santidade.

O serviço redentor do Verbo encarnado "primeireia" em Maria e, por intermédio desta mulher bendita, a humanidade inteira se descobre também agraciada.

Para a elucidação e difusão desta verdade colaborou Sto. Afonso (séc. XVIII) – Doutor da Igreja e Patrono dos Confessores e Moralistas; sua contribuição é aqui acuradamente estudada e pedagogicamente exposta pelo novel teólogo, Ir. André Luiz Oliveira - CSsR, fazendo eco à mariologia daquele insigne cantor das "Glórias de Maria".

Sto. Afonso, missionário que era, próximo do povo simples, conceituou como teologia o que foi intuído pela Igreja ao longo de séculos – santos Padres e teólogos – e sempre rezado pela devoção popular. Maria para Sto. Afonso é toda santa porque é toda de Deus, o templo humano onde Deus habitou e o pecado não teve lugar.

A Igreja viveu sem o dogma da Imaculada Conceição de Maria por dezoito séculos. A bem da verdade, ainda há polêmicas em torno da proclamação pela ausência de base bíblica direta que o justifique e, também, devido ao fato de ter sido feita "*in persona*" pelo Papa e não por um Concílio. A presente obra ajuda, de forma sistemática, a compreender o caminho percorrido até a sua definição dogmática por Pio IX, no séc. XIX: aborda a Patrística e passa pelas escolas de pensamento "maculistas" e "imaculistas" da Idade Média, contempla os autores eclesiásticos, a palavra do Magistério e também o Concílio Vaticano II, colocando em evidência os fundamentos cristológicos da mariologia.

Agradeço e parabenizo o autor por prestar este serviço de pesquisa e de compreensão do pensamento alfonsiano sobre Maria, que será de grande valia para o leigo estudioso da Virgem Santa e servirá também, para além do argumento central proposto, de fundamentado subsídio sobre a mariologia para os iniciados nas ciências teológicas.

Para antecipar ao leitor as riquezas que encontrará adentrando essas páginas, apresento um enunciado sobre a Imaculada Conceição, de fonte desconhecida, mas que bem pode ser atribuído a Sto. Afonso porque traz, em forma poética, as suas mesmas intuições sobre a Virgem Maria.

"Maria,
verdadeira Mãe de um Deus que é Filho e filha d'Ele, embora sua Mãe!
Deus criou Maria e, igualmente, é seu Filho...
Maria é sua criatura e, igualmente, sua Mãe.
Prodígio divino foi ser o filho de Maria um Deus eterno e tê-la por Mãe!
O "ser" é quase comum entre Mãe e Filho:
o "ser" do Filho teve a Mãe e o "ser" da Mãe teve o Filho.
Ora, se o "ser" do Filho foi também da Mãe:
ou se dirá que foi manchado o Filho – absurdo!
ou sem mácula se há de dizer a Mãe – mistério!"

Maria é mistério profundamente humano e profundamente divino. Proveitosa leitura e fecundo estudo, para todos!

† *Darci José Nicioli, C.Ss.R.*
Arcebispo Metropolitano de Diamantina, MG

APRESENTAÇÃO

Falar de Maria é uma tarefa fácil. Teologizar sobre Maria é o oposto. Embora, desde pelo menos o século XVIII, vários autores critiquem a adequação da Teologia como uma disciplina acadêmica, negando-lhe inclusive a categoria de ciência, a Teologia, enquanto matéria de estudo acadêmico, observa as rígidas normas das demais ciências. Normas que posicionam como a Teologia se coloca no diálogo com a sociedade, o mundo, as artes, as demais ciências. Inclusive na questão da linguagem, que na teologia é muito própria e nem sempre familiar às demais ciências. A teologia tem um discurso racional, diferente de outros discursos religiosos que podem ser simplesmente emocionais ou de outra ordem. A Teologia parte da fé e busca sua compreensão, como já enfatizado por Agostinho e Anselmo de Cantuária (*Fides quaerens intellectum*). E creio que aqui reside sua importância: ajudar os crentes a entenderem melhor o que creem. Estudos teológicos envolvem o estudo de práticas religiosas, históricas ou contemporâneas, ou das ideias dessas tradições usando ferramentas e estruturas intelectuais. Estuda a revelação de Deus na história, vista a partir da fé e rastreia os elementos nessa história, interpretando-os e alinhavando-os numa "história" de Deus. A ciência teológica compreende em si dois campos diferentes de conhecimento; o conhecimento da razão em si, e o conhecimento do dado revelado. O conhecimento revelado é aceito pela fé e o conhecimento da razão torna tal fé inteligível a todos.

A Mariologia entra naquilo que chamamos Teologia Sistemática. Uma das ramificações internas dentro da teologia e que engloba também a Cristologia, a Pneumatologia, Eclesiologia, Antropologia teológica, a Escatologia e a Trindade. É talvez, a Sistemática, a parte da ciência teológica que mais exija rigor e definições precisas. Mas como escrever teologia sobre Maria? Como adentrar nesses alinhavos e emaranhar-se em estudos exegéticos e linguísticos frios sobre um personagem, que, acima de tudo, nos desperta devoção, amor. Amor por ser mãe. Amor por ser mãe de quem foi! E amor pela imensa compaixão que sentimos dessa mulher ao pé da cruz. Debruçar-se no estudo do personagem Maria, compreender seu lugar na história, sua missão e sua importância na história da redenção é tarefa do teólogo. Mas como separar esse estudo sem comunicar ao leitor o profundo amor e a profunda devoção a essa mulher, em que o próprio teólogo quando ajoelhado, dirige-se a ela como Mãe, Rainha, Socorro nosso... é tarefa das mais difíceis.

Daí vem o porquê da primeira frase desta apresentação. A enorme dificuldade que o teólogo tem ao escrever, e mesmo lecionar, sobre Maria. Como não se envolver? Como readquirir a frieza científica que esse estudo exige? Em relação a isso, disse uma vez o papa Francisco: "Se você quiser saber quem é Maria, pergunte aos teólogos; se você quiser amar Maria, pergunte ao povo", referindo-se às devoções marianas a partir da piedade popular expressa por simples gestos de fé, repletos de emoção que carregam em silêncio parte do mistério da Salvação.

A tradição cristã afirma Deus revelando-se na história, no ambiente humano, em situações humanas, no ser humano. Portanto Maria tem muito a dizer à teologia. Maria é aquela que ajuda a formar Cristo em nós, intercede junto a Deus e ao Espírito Santo para que se possa gerar em nossa vida uma sempre maior união com Cristo. Essa é uma realidade que salta dessas devoções populares (*sensus fidelium*) que se iniciaram, certamente, após a ascensão de Jesus, nos primeiros momentos do cristianismo. Pois, como salienta São Luís Maria de Montfort: "Maria é o caminho mais próximo, direto e imediato para encontrar-se com Jesus".

A Igreja de Jesus Cristo se identifica com Maria: Ela faz parte do inegável conteúdo histórico da obra de Deus para com os homens. É o primeiro sinal da graça divina. Maria foi, desde o início da Igreja (lá em Pentecostes), a música suave, porém, ruidosa e inconfundível que traz à lembrança a fundamentação que o homem encontra em Deus, um Deus que renova sua fidelidade e seu amor diuturnamente. Essa música de Maria está contida nas badaladas dos sinos de uma igreja que anuncia Seu Filho como a presença viva e real de Deus no mundo. Por essa razão, Maria está intrinsecamente ligada à Igreja desde seu princípio: Ambas apontam para a realidade do pacto entre Deus e os homens, que ainda permanece no anúncio e que ainda não foi cumprido, mas pelo qual se espera.

Em alguns meios acadêmicos corre a ideia de que a teologia, quando produzida e estudada com emoção de fiel, espiritual ou devocional demais, perde sua qualidade e empobrece o teólogo. Embora veja algo de verdade nessa frase... não posso concordar com sua totalidade. Se é a fé que leva alguém a estudar o fenômeno Deus (e que mais seria?), como separar a motivação inicial da linha de estudo teológico?

Em mariologia, como dissemos, esse problema é mais difícil de ser seguido. O teólogo deve se policiar constantemente para não cair na "pieguice" devocional e pessoal. Mas... Se seguirmos esse raciocínio, em busca da qualidade teológica de nossa produção acadêmica, como definiríamos a teologia de Agostinho? Onde em cada parágrafo de suas obras se percebe uma pequena ode de amor ao Deus que ele tenta decifrar? Seguindo essa linha de raciocínio, deveríamos chamá-la de teologia de baixa qualidade? E um Bernardo de Claraval? E, mais recentemente, como definiríamos a teologia de von Balthasar? As encíclicas marianas de João Paulo II? Para dar apenas alguns exemplos de teologias permeadas de espiritualidade. Para todos eles, teologia e amor, doutrina e devoção, teologia e oração, enfim, eram e são a mesma coisa. Suas teologias foram o relato de suas próprias experiências com Deus. Seria possível, sem a sensibilidade embrenhada na interioridade do pensamento teológico, termos chegado à ideia do *páthos* de Deus? De um Deus que sofre por amor? E, com isso, poder ver no pobre, no miserável e em todo homem que sofre a figura do crucificado? Neste ponto relembro das palavras do monge trapista, Thomas Merton:

> Teologia e espiritualidade não devem ser separadas como categorias que se excluem reciprocamente, como se o misticismo fosse algo somente para mulheres pias e o estudo teológico fosse apenas para os homens práticos, mas não santos. (...) se elas não estão unidas, não há fervor, não há vida e não há um valor espiritual na teologia nem tampouco pode haver substância, significado e uma orientação segura na vida contemplativa[1].

[1] Merton, Thomas. *Sementes de contemplação*. Apud Awi, Alexandre. *Ela é minha mãe*. São Paulo: Loyola, 2014, 18.

O presente livro deste jovem teólogo, André Luiz Oliveira, é fruto de um trabalho de conclusão de curso, TCC, o qual fui seu orientador. Mas não pense o leitor que se trata apenas de um trabalho com suficiência acadêmica para qualificação de um bacharel. Nestas páginas o leitor percorrerá um caminho amplamente fundamentado em vasta (e diversificada) bibliografia, que direciona ao foco principal deste trabalho: a importância teológica dos dogmas marianos, com enfoque principal no terceiro dogma. Analisa a relevância das definições dogmáticas no âmbito histórico, eclesial e teológico de modo a iluminar o processo da passagem do *sensus fidelium* para a definição dogmática. Clodovis Boff define bem: "Maria antes de ter sido pensada, essa mulher foi amada, louvada e rezada". Ou em outras palavras, como as devoções populares, nascidas apenas da fé do povo, levaram o Magistério a discutir e posteriormente a afirmar como verdade o que denominamos Dogmas. Por conseguinte, os dogmas visam assegurar elementos importantes da fé enquanto tentam responder a problemas das comunidades cristãs em um momento determinado da história. O intuito fundamental é esclarecer e reafirmar aspectos da fé que não estão claros e são essenciais para a vida da comunidade: eis a importância teológica dos dogmas. E neste caso específico, dos dogmas marianos.

O livro tem ainda o mérito de adentrar no emaranhado tecido que antecedeu as longas e acaloradas discussões acerca da imaculada conceição de Maria, tema, aliás, que é o eixo central dele. Relembrando ao leitor que, durante o auge da Idade Média, não se falava sobre outra coisa além do tema da imaculada. E do lado dos maculistas estava um dos maiores pregadores da história do cristianismo, Bernardo de Claraval. Inclusive na conclusão da Divina Comédia, Dante louva a Virgem por intermédio de Bernardo e assim o cita como um inflexível defensor da tese maculista: "Se é apropriado explicar a crença da Igreja e se essa crença é verdadeira então afirmo que a gloriosa Virgem concebeu por meio do Espírito Santo, mas que ela própria não foi concebida desse modo. Deu à luz como virgem, mas não nasceu de outra virgem"[2].

O presente livro vai pelo outro caminho, o que se saiu "vencedor" dessas contendas. E para a construção e fundamentação de seu pensamento, apresenta as contribuições teológicas para a sistematização da doutrina da Imaculada: muitos dos escritos do Doutor da Igreja Sto. Afonso

[2] Bernard de Clairvaux, cartas 174,7.

Maria de Ligório (1696-1787), fundador da Congregação do Santíssimo Redentor, popularmente conhecida como Redentorista, muito presente no Brasil. Sempre muito citado, principalmente quando trata sobre a formação do terceiro dogma mariano: o dogma da Imaculada Conceição que deu fim a esse longo período de discussões entre "maculistas" e "imaculistas" e que, no século XIX, desembocou na proclamação do dogma da Imaculada Conceição.

O contexto histórico da declaração do dogma da imaculada conceição de Maria, definido na Bula Papal *ineffabilis Deus* (1854), era o racionalismo, em que a supremacia da razão enebriava os homens pelo progresso, a liberdade e a felicidade que aparentemente trazia a todos, com as inovadoras conquistas das ciências. Se por um lado essa euforia do mundo os fazia esquecer do poder do pecado e de sua imensa influência sobre o homem e sobre as estruturas da sociedade, que não muito mais tarde culminariam nos graves problemas sociais enfrentados na Europa e denunciados por Leão XIII (1810-1903) com sua histórica encíclica *Rerum Novarum* (1891), por outro, a figura de Maria permite desviar o olhar desse mesmo homem e dessa sociedade, relembrando-os da força da graça redentora, que lhes permite resistir ao pecado e que pode modificar corações e sistemas políticos para que olhem para o homem com os mesmos olhos do Filho de Maria. As posições e os escritos de Sto. Afonso, de estilo "simples e agradável", como já afirmou o papa emérito Bento XVI e descritas competentemente nestas páginas, foram decisivas para que a doutrina da Imaculada Conceição fosse proclamada como dogma, em 1854, pelo papa Pio IX (1792-1878). O livro tem o mérito de deixar isso bem claro.

A presença de Maria no discurso teológico atravessa tempos, espaços, culturas e povos para além das referências bíblicas. Esse discurso tem-se modificado ao longo da história do cristianismo, sempre acompanhando o andar do povo de Deus. História esta que testemunhou as inúmeras vezes em que teólogos e estudiosos entenderam e compreenderam tarde aquilo que a devoção espiritual dos mais simples e humildes já tinha captado. Relembrando que *a festa da imaculada* era celebrada pelo povo desde o século VIII no oriente e desde o século IX no ocidente, séculos antes da proclamação do dogma. Sem dúvida, esse caminhar devocional do povo é ditado e guiado pelo Espírito Santo e culmina na adoção pela Igreja de fórmulas dogmáticas, tratados e obras literárias, teológicas ou não.

Em cada cristão que se percebe ao pé da cruz do Filho de Deus, sente a presença dolorosa de Sua mãe. Sente o preço dessa salvação e a presença do amor infinito de Deus ao homem, naquele Deus coberto de sangue, pendente do madeiro. Impossível não olhar para Jesus e imaginar que seu último olhar foi direcionado a sua mãe. As Escrituras nada dizem sobre isso. O amor materno o afirma.

"No nome da Theotókos está contido todo o mistério da Salvação."
(São João Damasceno)

Dr. Sergio Alejandro Ribaric

INTRODUÇÃO

Partimos de algumas indagações para composição de nossa obra, buscamos averiguar alguns contributos teológicos fornecidos por Sto. Afonso Maria de Ligório (1696-1787) para a Mariologia. Ao longo do itinerário, tivemos acesso a uma bibliografia que corroborou o tema; em nossa averiguação procuramos detectar como os contributos alfonsianos favoreceram o desenvolvimento do terceiro dogma mariano (1854). Deparamo-nos com diversas indagações, que nos fizeram interrogar: Qual a importância teológica dos dogmas marianos? Como eles são compreendidos? Tais interrogações nos permitiram trilhar um percurso histórico-analítico, examinando, com rigor teológico, os aspectos que validariam a problemática a que nos propusemos: *Santo Afonso Maria de Ligório e a Imaculada Conceição: Breve Tratado de Mariologia.*

Ao longo de nossa exposição, procuramos compreender a importância da Teologia Marial, contextualizando-a e, em seguida, apresentamos um breve histórico do desenvolvimento dos quatro dogmas marianos. Na esteira, analisamos a relevância dessas definições dogmáticas no âmbito histórico e teológico, de modo a contemplar o processo da passagem do *sensus fidelium* para a definição dogmática. Aprofundamos as implicações propostas pelos dogmas marianos, destacando qual a sua importância para os tempos atuais. Na sequência, averiguamos os possíveis contributos teológicos fornecidos por Sto. Afonso Maria de Ligório para o desenvolvimento do dogma da Imaculada Conceição. Esse percurso se deu de modo linear.

É relevante considerarmos o que propôs o psiquiatra suíço Carl Gustav Jung (1875-1961): "a veneração católica à Mãe de Jesus é sinal de saúde psíquica, a aversão protestante, pelo contrário, corre o risco de neurose"[1]. Temas mariológicos são sempre temas antagônicos, devido à mescla de possibilidades que podem ser atribuídas a Maria, Mãe de Jesus. Ao tratarmos das questões referentes à doutrina da Imaculada Conceição na perspectiva alfonsiana, propomo-nos ao desafio de apresentar a concepção mariológica-imaculista presente no século XVIII, algo que, a princípio, pareça distante de nós, mas que, ao analisarmos detalhadamente, percebemos que nos diz muito ainda hoje. Mesmo com a proclamação do dogma da Imaculada Conceição, a doutrina imaculista ainda encontra resistência e suscita muitas discussões acaloradas entre os teólogos de diversas correntes e escolas teológicas da atualidade. É, com certeza, um tema complexo. Consideramos que, após um longo período de discussões maculistas e imaculistas, Sto. Afonso de Ligório deu sua contribuição teológica para a sistematização da doutrina da Imaculada, que, no século XIX, desembocou na proclamação do dogma da Imaculada Conceição.

A Imaculada Conceição é a chave de leitura da Revelação, em Maria podemos vislumbrar, mesmo que à distância, o mistério da Encarnação do Verbo. Quando o divino toca o humano Ele lhe permite contemplar a grandiosidade de sua face. Esse singular privilégio não a eximiu da necessidade da redenção, a redenção preventiva foi concedida singularmente a Maria em vista da maternidade divina. Devemos compreender que um privilégio é uma forma de restabelecer a justiça. Portanto o privilégio da redenção preventiva, concedido a Virgem Maria, nada mais é que uma justa reparação do pecado original e o restabelecimento da ordem original da graça. O teólogo francês A. D. Sertillanges (1863-1948), escreveu:

> Maria não é posta fora da redenção, é redimida como todos nós por seu Filho. Ela, porém, é totalmente iluminada pela redenção, desde a sua conceição, para que o próprio sol, Cristo, não seja de modo algum ofuscado. Os demais serão apenas purificados; ela é totalmente pura.

[1] JUNG, Carl Gustav. *Resposta a Jó*. Petrópolis: Vozes, 1980, 103-112.

> Mãe do dia, ela não experimentará a noite, será a primavera da humanidade renovada, a suave brisa do mundo[2].

A doutrina da Imaculada Conceição, uma verdade tão antiga, que remonta os primeiros séculos do cristianismo é, sem dúvida, um paradigma antropológico realizado, em sua plenitude, pois apresenta Maria (humanidade) como ela realmente é. Segundo Gianfranco Ravasi foi encontrado uma antiga invocação mariana transcrita em um fragmento de terracota (*ostracom*) egípcio, que data do século III. A inscrição dizia:

> Ó Virgem Imaculada, mãe de Deus e cheia de graça, Aquele que tu trouxeste é o Emanuel, o fruto do teu ventre. Tu, ó Maria, excedes todo o louvor! Eu te saúdo, Maria, mãe de Deus e glória dos anjos, porque tu superas em plenitude de graça todos os anúncios dos profetas! O Senhor está contigo: tu dás à luz o Salvador do mundo[3].

Desse fragmento egípcio podemos subtrair que a doutrina da Imaculada – *Virgem Imaculada, mãe de Deus e cheia de graça* – era algo aceito pelos fiéis já no início do cristianismo. Invocar Maria em uma oração, expressa o sentimento presente nas comunidades dos primeiros séculos. Note-se que se trata de uma oração cristológica, que remete a Jesus Cristo: Mãe de Deus, Emanuel, Salvador.

A defesa da doutrina da Imaculada Conceição proposta pelo Doutor da Igreja Sto. Afonso foi uma resposta às provocações jansenistas do século XVIII, as quais apregoavam o rigorismo exacerbado e o radicalismo excludente. A doutrina jansenista estava alicerçada na teoria da predestinação, isenta do livre-arbítrio, e propunha que depois do pecado original, os homens perderam a liberdade de escolha entre o *bem* e o *mal*, tornando-se fadados a cumprir a vontade deliberada de Deus, que destinava uns para o *bem* e outros para o *mal*, não sendo a *Graça* suficiente para *alterar* a natureza humana, impossibilitando o querer humano de mudar a realidade a que estava fadado. Os preceitos jansenistas contradisseram, enfaticamente, a doutrina católica, que reconheceu como dádiva divina o livre-arbítrio, isto é, a capacidade do homem de se reinventar e se deixar tocar pela *Graça* de Deus e alcançar a salvação. No século

---

[2] SERTILLANGES, A. D. apud RAVASI, Gianfranco. *Os rostos de Maria na Bíblia*. São Paulo: Paulus, 2008, 25.
[3] RAVASI, Gianfranco. *Os rostos de Maria na Bíblia*, 137.

XVIII, quando os jansenistas 'ladraram' contra a Imaculada Conceição, Sto. Afonso bradou à altura, opondo-se à displicência contra a Mãe do Filho de Deus. Sto. Afonso transitou entre o rigorismo e o laxismo de seu tempo, e se tornou um ponto de equilíbrio teológico.

O mérito alfonsiano, em favor da doutrina da Imaculada Conceição, está no axioma: "*Maria spes nostra*"[4]. Quando Sto. Afonso propôs Maria como *nossa esperança*, ele contrapôs a proposta jansenista e desvelou uma possibilidade, que, naquele momento histórico, era vista como controversa. Os teólogos do século XVIII não concebiam a possibilidade de Maria ser um sinal de esperança para os cristãos. Sto. Afonso buscou dar resposta à altura das sentenças rigoristas, de modo que, seu axioma mariano era repudiado pelos jansenistas, que se recusavam a reconhecer a Virgem Maria como intercessora do gênero humano. A proposta alfonsiana foi inovadora: "O leitor notará que Santo Afonso é o doutor da salvação, mas da salvação pela Santíssima Virgem"[5]. O legado mariano alfonsiano propiciou à Igreja a supressão da heresia jansenista e, com isso, traçou novos rumos à Moral católica e à Teologia Marial. Sobre esse ponto, observou o Pe. Berthe: "As *Glórias de Maria*, difundidas pelo mundo inteiro, inauguraram o renascimento do culto de Maria e abriram a era da esperança, mostrando de um lado a Virgem Imaculada, as mãos cheias de graças, e do outro, o rosário do servo de Maria como meio de as obter"[6].

Persuadido de convicções imaculistas, Sto. Afonso com o axioma: "Um verdadeiro devoto de Maria não se perde. É impossível que se perca um devoto de Maria, que fielmente a serve e a ela se encomenda"[7], delineou a índole de suas concepções mariológicas. Ele depositou sua confiança na Imaculada Conceição, mirou sua meta e seguiu, sem olhar para atrás, em direção àquilo que ele considerou ser seu porto seguro. Ele compreendeu que seu apostolado era de tendência mariana. Em Maria, Sto. Afonso encontrou motivações para compor sua defesa e travar um embate teológico contra as sentenças jansenistas. Com o livro *As Glórias de Maria Santíssima* (1750), ele "inaugurou sua luta anti-jansenista e anti-voltairiana pela publicação de seu primeiro trabalho de fôlego"[8]. Sto.

---

[4] Cf. LIGÓRIO, Afonso Maria de. *Glórias de Maria*. Aparecida, SP: Editora Santuário, 2006, 97-112.
[5] BERTHE, Pe. Agostinho. *Santo Afonso Maria de Ligório*. Rio de Janeiro: Editora CDB, 2018, 237.
[6] BERTHE, Pe. Agostinho. *Santo Afonso Maria de Ligório*, 237.
[7] LIGÓRIO, Afonso Maria de. *Glórias de Maria*, 182.
[8] BERTHE, op. cit., 230.

Afonso alistou-se ao *front* dos soldados da Imaculada, consumiu-se na defesa de suas convicções imaculistas, pois compreendeu que a imaculatês é o sinal da condição primeira do homem e prenúncio da dignidade futura dele, como declarou posteriormente o Concílio Vaticano II (1962-1965)[9].

O percurso que trilhamos em nossa obra ressaltou a relevância da Mariologia e do pensamento de Sto. Afonso. Ambos contribuíram para a construção de uma Teologia que se quis autêntica. A doutrina que hoje conhecemos como dogma da Imaculada Conceição é uma síntese de um longo trajeto trilhado até o momento presente. Muitos foram os eclesiásticos que se debruçaram na composição de uma doutrina sólida acerca do tratado da Imaculada Conceição da Bem-aventurada Virgem Maria. Nosso intento, neste trabalho, foi o de apresentar as contribuições dadas pelo Doutor da Igreja Sto. Afonso Maria de Ligório e expor possíveis perspectivas para que os leitores possam concluir se o legado imaculista de Sto. Afonso foi decisivo para que a doutrina da Imaculada Conceição fosse proclamada como dogma, em 1854 pelo papa Pio IX (1792-1878). O percurso trilhado em nossa exposição segue a lógica escolástica: apresentaremos tese, antítese e síntese, deixando as conclusões finais a cargo do leitor, para que esse tire suas considerações pessoais, validem e ratifiquem a argumentação aqui proposta.

Fazemos nossas as palavras de Sto. Afonso, presentes na introdução de sua obra magna: "Aceitai este insignificante tributo de meu amor para convosco e vossa Mãe querida. Protegei-o; a quantos o lerem enchei com a luz de confiança, inflamai-os nas chamas do amor para com essa Virgem Imaculada, por vós colocada como esperança e refúgio de todos os remidos"[10].

---

[9] Cf. CONCÍLIO VATICANO II. *Lumen Gentium*. In: *Compêndio do Vaticano II*. Petrópolis, RJ: Vozes, 29 ed. 2000, 113.

[10] LIGÓRIO, Afonso Maria de. *Glórias de Maria*, 21.

I

CONCEPÇÕES MARIOLÓGICAS E RELEVÂNCIAS HISTÓRICAS

Queremos neste capítulo apresentar, de modo sintético, algumas concepções mariológicas, bem como o desenvolvimento da Teologia Marial e sua relevância histórica. Partindo de uma premissa bíblica, apresentamos o conceito de Teologia Marial. No decorrer do texto desenvolvemos o conceito de Mariologia, o que culminou nas relações Cristológicas existentes entre as duas áreas. Observamos que o aprofundamento mariológico deve nos conduzir, com efeito, a uma demasiada, porém, rigorosa espiritualidade mariana, que tome a Virgem Maria como mãe e guia no itinerário de conformidade com Cristo e sua Igreja. A conceituação de determinados termos utilizados pela Teologia Marial se fez necessária devido à complexidade que muitas vezes os rodeiam. Percebemos que com relação à importância da Mariologia, muitas interrogações perpassam a nossa mente, especialmente por se tratar de um tema que supõe muitas possibilidades. O destaque do capítulo se acentua na apresentação da Mariologia como uma ciência correlata à Cristologia e a relevância da Mariologia oriunda do Concílio Vaticano II.

1. Teologia Marial

"*Quae est ista*?" (Ct 3,6)[1], sobre Maria de Nazaré existem muitas interrogações, porém isso não impediu que diversos autores eclesiásticos escrevessem inúmeros tratados a seu respeito. Sobre ela, declarou a Igreja; proclamou a patrística; rezaram os santos; cantaram os mártires; rogaram os fiéis; consentiram os teólogos. Assim podemos defini-la: "Maria é a Mãe de Jesus, do Homem-Deus que veio ao mundo para realizar a redenção da humanidade"[2]. O discurso teológico sobre quem foi Maria nasceu da experiência do *sensus fidelium*, da experiência de fé de homens e mulheres simples que viram na Mãe de Jesus (Mc 3,31) um sinal do amor de Deus: "Maria é a perfeita expressão da plena condição humana criacional. Maria conserva em si aquilo que é a essência do desejo de Deus para a humanidade, sua perfeição"[3]. Nestório (386-451) talvez tenha sido um pioneiro na difusão universal de Maria para a Igreja, pois sua polêmica com relação à natureza de Cristo ocasionou uma discussão teológica a respeito de Maria; pois ao combater a *Theotókos* e toda a questão cristológica que estava a sua volta, ele propiciou a necessidade de uma sistematização do referente a Maria. A indagação inicial "*Quae est ista*?", possui inúmeras possibilidades de respostas; porém uma das que mais nos agrada é aquela do romancista Novalis (1772-1801): "Vejo-te amorosamente representada em mil imagens, ó Maria, mas nenhuma delas é capaz de representar-te como minha alma te vê"[4].

A ternura da Santíssima Virgem era expressa por seu doce olhar. Recordemos o que disse o escritor francês Georges Bernanos (1888-1948), sobre o olhar de Maria, que, em seu romance *Diário de um Pároco de aldeia*, poeticamente o descreveu: "O olhar da Virgem é o único olhar verdadeiramente 'infantil', o único verdadeiro olhar de criança que alguma vez tenha levantado acima de nossa vergonha e acima de nossa infelicidade"[5]. Àqueles que foram fitados pelo olhar de Maria, nunca mais, foram os mesmos. Eles, nunca mais, puderam esquecer aqueles olhos. A fisionomia, o rosto encantador de Maria, era capaz de mover os corações mais empedernidos. Deus a fez bela, de uma beleza paradisíaca.

---

[1] "Quem é esta?" *(tradução nossa).*

[2] DEL GAUDIO, Daniela. *Maria de Nazaré: breve tratado de mariologia*. São Paulo: Paulus, 2016, 41.

[3] PINTO, Pe. Rafael Augusto Linhares. *Compêndio de Mariologia*. São Paulo: Cultor de Livros, 2018, 15.

[4] BALTHASAR, Hans Urs von. *O Culto a Maria hoje*. São Paulo: Paulinas, 1979, 30.

[5] RAVASI, Gianfranco. *Os rostos de Maria na Bíblia*, 253.

Como atestou o apócrifo do Pseudo Mateus (séc. IV-V): "O seu rosto era tão encantador e luminoso que era difícil suportar a sua beleza"[6]. Mais que estética, a beleza de Maria é espiritual, é poética, é original. Cantar a beleza da Virgem é enxergar a transparência luminosa de sua alma, que depois da alma de Nosso Senhor Jesus Cristo, é a mais bela. Falta-nos adjetivos para expressarmos os predicados que qualificam a formosura da Santíssima Virgem. Resta-nos apenas dizer: "*Tota pulchra es, Maria*!"

Podemos falar a respeito de uma Teologia Marial a partir do que nos advertiu o Concílio Vaticano II na Constituição Dogmática *Lumen Gentium* (1964): "Predestinada desde a eternidade junto com a Encarnação do Verbo divino, como Mãe de Deus, por desígnio da Providência divina, a Bem-aventurada Virgem foi nesta terra a sublime mãe do Redentor, singularmente mais que os outros Sua generosa companheira e humilde serva do Senhor"[7]. A normativa proposta pelo Concílio nos permitiu compreender qual a relevância de Maria na Encarnação do Verbo. Sobre esta estreita relação existente entre Mãe e Filho, devemos considerar a advertência de Sto. Agostinho (354-430): "A Virgem Maria, acreditando, deu à luz aquele que, acreditando, concebera... Depois que o anjo lhe falou, cheia de fé (*fide plena*), concebendo Cristo antes no coração do que no seio, ela respondeu: Eis aqui a serva do Senhor, faça-se em mim segundo a tua palavra"[8]. Maria esteve presente em três momentos peculiares do mistério cristão: Encarnação, Mistério Pascal e Pentecostes. Isso lhe permitiu uma estreita relação com o Mistério de Cristo e da Igreja, como declarou o capítulo VIII da Constituição *Lumen Gentium*.

A fé católica é, por excelência, *cristocêntrica*. Porém isso não a exime de um caráter mariológico. A Teologia Marial é o conjunto de diversas áreas da Teologia que estão interrelacionadas com a Mariologia, como a Cristologia, Eclesiologia, Teologia Dogmática, Teologia Bíblica, Antropologia Teológica, Trindade etc. A Mariologia não é uma ciência isolada das demais áreas da Teologia: "a Mariologia não é uma ciência autônoma"[9]. Ela está transversalmente interligada com os principais tratados teológicos. É óbvio que ela também não é uma ciência subjugada e possuiu

[6] RAVASI, Gianfranco. *Os rostos de Maria na Bíblia*, 288.

[7] CONCÍLIO VATICANO II. *Lumen Gentium*. In: *Compêndio do Vaticano II*, 108.

[8] AGOSTINHO, Apud CANTALAMESSA, Raniero. *Maria, um espelho para a Igreja*. Aparecida/SP: Editora Santuário, 2013, 34.

[9] FIORES, Stefano De; MEO, Salvatore (Org.). *Dicionário de Mariologia*. Trad. Álvaro A. Cunha, Honório Dalbosco e Isabel F.L. Ferreira. São Paulo: Paulus, 1995, 843.

elementos próprios que lhe permitem um discurso autêntico. A Teologia Marial está situada em um contexto da Teologia que abarca a Mariologia. Em diversos momentos Teologia Marial e Mariologia parecem ser palavras análogas, e até se confundem, porém não o são. A primeira é o todo e a segunda é parte do todo. Tanto para uma como para outra, o objeto de estudo é o mesmo: Maria de Nazaré. Com relação à Teologia Marial, constatou José García Paredes: "A doutrina mariológica da Igreja desvela não só quem é Maria, mas, sobretudo, quem é a Igreja multissecular que a contempla e dela fala. Essa Igreja pode ser tudo, menos precipitada. Constrói seus dogmas mais lentamente que suas catedrais, para as quais são necessárias várias gerações"[10].

O aprofundamento mariológico deve nos conduzir, com efeito, a uma demasiada, porém rigorosa espiritualidade mariana, que tome a Virgem Maria como mãe e guia no itinerário de conformidade com Cristo e sua Igreja. Estudamos Mariologia porque "Maria é o ícone do mistério cristão em sua totalidade, é a síntese daquilo que o Deus trinitário faz para o homem e, ao mesmo tempo, é a síntese daquilo que a criatura torna-se capaz por seu Deus"[11]. Ao longo dos séculos, a doutrina mariana, em seu desenvolvimento, seguiu um sinuoso curso característico: não de crescimento contínuo, mas de um crescimento ritmado. Trata-se de uma evolução cadenciada, que permitiu a elaboração de uma doutrina e, posteriormente, o desenvolvimento de uma teologia mariana. Nunca houve um tempo não mariano na Igreja. Seja nos primórdios ou no decorrer do Cristianismo, a devoção a Maria sempre esteve presente na caminhada histórica da Igreja. Como declarou José García Paredes: "A Igreja mostrou-se, desde *suas origens*, interessada em conhecer a verdade sobre Maria"[12].

No decorrer da história, coube ao jesuíta Francisco Suárez (1548-1617) a elaboração e publicação, em 1590, do primeiro Tratado de Mariologia Sistemática[13]. Anterior a esse houve outros *Tratados* mariológicos, porém rudimentares, que abordavam o tema de modo esparso e superficial, o que não permitiu, até aquele momento, um estudo sistemático da Mariologia, que colaborasse para o progresso acadêmico dela.

[10] PAREDES, José Cristo Rey García. *Mariologia: síntese bíblica, histórica e sistemática*. São Paulo: Editora Ave-Maria, 2011, 283.

[11] FORTE, Bruno. *Maria, a Mulher ícone do mistério*. São Paulo: Paulinas, 1991, 103.

[12] PAREDES, op. cit., 279.

[13] Cf. LAURENTIN, René. *Breve Tratado de teologia mariana*. Petrópolis, RJ: Vozes, 1965, 92.

O termo Mariologia foi cunhado pelo siciliano Plácido Nigido, que no ano de 1602, em Palermo, publicou a *Summae sacrae mariologiae pars prima*[14]. O movimento mariano se expandiu rapidamente a partir do século XVII e ganhou grande proporção, como até então não havia tomado, tornando-se uma primavera mariana na Igreja e isso foi decisivo para a evolução acadêmica da Mariologia. A devoção mariana, por sua vez, não ficou sem influxo sobre a Mariologia.

Tratando-se a respeito da Teologia Marial, um elemento de significativa importância para este progresso teológico foi o *sensus fidei*. A reta devoção dos fiéis ganhou proporção e se desenvolveu ao ponto da formulação de uma doutrina legitimamente reconhecida pela Igreja e, posteriormente, culminou na proclamação de dogmas marianos. Com relação ao que nós trataremos neste capítulo, é relevante recordar o que asseverou o mariólogo René Laurentin: "Com efeito, o mistério de Maria não tem a lógica de um teorema, mas a de um destino livre, entregue às orientações algumas vezes desconcertantes do Espírito"[15]. Atualmente, a Mariologia é a parte da Teologia mais questionada.

A Teologia Marial nada mais é que um tesouro oculto do qual o teólogo tira sem cessar "coisas antigas e novas" (Mt 13,52). Em matéria dogmática, essas coisas antigas são elementos da Tradição e as novas a evolução teológica da Mariologia. Karl Rahner (1904-1984) delimitou esse percurso: "A Mariologia atual deve ser vista também como momento desse processo de transformação, em que o antigo se torna novo para continuar a existir"[16]. A Mariologia Bíblica, Histórica e Sistemática não é a síntese de tudo o que pode ser dito sobre Maria. Asseverou José García Paredes: "Maria é um personagem de tal calibre, de tamanha força, que ultrapassou sua própria história"[17]. Maria é uma pessoa que supera seu tempo histórico[18].

Para o devido aprofundamento da Teologia Marial é relevante conhecer, de modo sistemático, o que é Mariologia, bem como a relação desta com a Cristologia e demais ciências sagradas que compõem a Teologia Dogmática, especialmente, valendo-se do que há de mais atual a respeito dessa ciência, que são os pronunciamentos do Concílio Vaticano II,

---

[14] Cf. FIORES, Stefano De; MEO, Salvatore (Org.). *Dicionário de Mariologia*, 850.
[15] LAURENTIN, René. *Breve Tratado de teologia mariana*, 12.
[16] FIORES, Stefano De; MEO, Salvatore (Org.). *Dicionário de Mariologia*, 846.
[17] PAREDES, José Cristo Rey García. *Mariologia: síntese bíblica, histórica e sistemática*, 286.
[18] Cf. Ibid., 185.

de modo específico no capítulo VIII da Constituição Dogmática *Lumen Gentium*. Trata-se da palavra final, no tocante a Mariologia, obviamente que não se exclui o posterior magistério dos Papas, bem como a livre interpretação dos teólogos e a evolução desta ciência pois, do Vaticano II até o presente momento, houve um significativo salto mariológico.

1.1. O que é Mariologia?

Alguém poderia interrogar: Por que estudar Mariologia? A resposta mais prudente seria: para se questionar a respeito das afirmativas que são feitas sobre Maria de Nazaré, ou ainda, faz-se Mariologia para indagar qual o papel de Maria no Mistério de Cristo e de sua Igreja. E "é evidente que se deve também perguntar se Maria na história da Igreja é um mito, uma simples fantasia mantida e aumentada através dos séculos. Deve-se perguntar se sua verdade é a verdade de um mito, de uma fábula tradicional, ou se é a verdade de uma realidade"[19]. Não se pode fazer Mariologia de ocasião ou de conveniência. O aprofundamento mariológico é essencial para conhecer quem foi Maria de Nazaré e qual sua relevância na história da salvação. "A Mariologia é um fenômeno demasiadamente complexo para fazê-lo derivar de uma só fonte"[20]. Estudamos a respeito de Maria mãe de Jesus, pois ela "nos projeta fora dela mesma, para a transcendência de Deus, para o mistério insondável. A autêntica mariologia é aquela que tem por finalidade *ad maiorem Dei gloriam*"[21].

Com relação à importância da Mariologia, muitas interrogações perpassam a nossa mente. Também o teólogo Edward Schillebeeckx formulou uma pergunta a respeito: "Uma pergunta poderá sintetizar o ponto culminante de toda a mariologia e coroar a doutrina mariana: Por que Deus elegeu Maria? Por que deu à Santíssima Virgem o lugar que ela ocupa na obra da Salvação? "[22] E ele mesmo respondeu à indagação: "É evidente que só Deus sabe o 'porquê' de sua ação. Esse porquê será sempre um aspecto da infinita bondade de Deus. E livre e independente de qualquer situação criada, independente mesmo de uma espécie de divino "determinismo da natureza"[23]. Trata-se de um mistério insondável da

[19] PAREDES, José Cristo Rey García. *Mariologia: síntese bíblica, histórica e sistemática*, 287.
[20] Ibid., 157.
[21] Ibid., 400.
[22] SCHILLEBEECKX, Edward. *Maria, Mãe da Redenção*. Petrópolis, RJ: Vozes, 1968, 73.
[23] Ibid.

benevolência divina, cuja real resposta, a mente humana é capaz apenas de criar hipóteses e formular indagações.

É recorrente o uso do termo Mariologia ou *Marialogia*[24]. Ambos se referem ao mesmo assunto, à área da Teologia que estuda temas pertinentes a Maria de Nazaré. Nesta obra utilizaremos o termo corrente entre os teólogos: Mariologia. O mariólogo, Frei Clodovis Boff, traçou o itinerário que deve ser percorrido para um autêntico estudo da Mariologia, a saber:

> 1. Intelectual: *compreender* corretamente o lugar e a missão de Maria na História da Salvação; 2. Espiritual: crescer em amor e em piedade para com a Mãe do Senhor; 3. Moral: ser levado a *imitá-la* como exemplo de vida, especialmente de fé e de amor; 4. Cultural: poder *celebrá-la* de modo adequado na liturgia e nas práticas de devoção popular; 5. Pastoral: ser capaz de *comunicar* o sentido de Maria ao Povo de Deus e à sociedade de hoje[25].

A explanação de Frei Clodovis sobre uma possível metodologia mariológica, ilustra o trajeto a ser percorrido por aqueles que desejam compor um estudo válido e lúcido no tocante à Mariologia, não incorrendo em possíveis maximalismos ou minimalismos. Em seu tratado sobre a Introdução à Mariologia, ele ainda destacou as fontes primordiais para o estudo dela:

> 1. Bíblia: fonte principal e critério último (suficiência *material* da Escritura), mas lida sempre dentro da grande Tradição (princípio *formal* de interpretação bíblica); 2. "*Sensus fidelium*": devoção e piedade marianas do Povo de Deus; 3. Tradição: Padres e Liturgia; 4. Magistério pastoral: Concílios, Santa Sé, ensino e pregação dos pastores; 5. Teologia: reflexão crítica e sistemática dos Doutores da Igreja e dos bons teólogos[26].

Esse roteiro é pauta fundamental para teólogos que desejam produzir uma Mariologia oportuna e condizente com as orientações do Vaticano II. Para compreendermos a extensão do percurso da Mariologia ao longo da história, é preciso traçar um breve panorama histórico, para

[24] Cf. FIORES, Stefano De; MEO, Salvatore (Org.). *Dicionário de Mariologia*, 842.
[25] BOFF, Clodovis. *Introdução à Mariologia*. Petrópolis/RJ: Vozes, 2012, 11.
[26] BOFF, Clodovis. *Introdução à Mariologia*, 11-12.

assim percebermos como ela se desenvolveu ao longo dos séculos, inicialmente como *sensus fidelium*, posteriormente como doutrina validamente aprovada pelo Magistério e, finalmente, consumada como dogma proclamado. Essa recapitulação histórica não nos permite precisão dos fatos e exatidão das datas devido à ausência de documentação, pois somente a partir do século II e III teremos algumas referências aleatórias sobre Maria, como nas narrativas do Novo Testamento, em alguns discursos dos Santos Padres e nos escritos dos autores eclesiásticos. A preocupação dos primeiros séculos do Cristianismo era definir a doutrina referente a Jesus Cristo e a superação das heresias que estavam surgindo. Uma Mariologia sistemática surgiu posteriormente. Até mesmo os dois primeiros dogmas marianos – Maternidade divina (431) e Virgindade perpétua (451) – foram proclamados com caráter cristológico, para assegurar questões referentes a Jesus Cristo.

Com o alvorecer do Concílio Vaticano II, a Mariologia Bíblica ganhou relevância como ciência que contribui para um possível estudo histórico-bíblico a respeito de Maria, pois as mais antigas referências marianas se encontram no Novo Testamento. É relevante recordar que os Padres da patrística e os autores eclesiásticos utilizaram personagens do Antigo Testamento como prefiguração de Maria: Eva, Ester etc. Essas são interpretações posteriores que remontam o século III e IV. A mais antiga menção a Maria é uma referência indireta que se encontra na Epístola de São Paulo aos Gálatas: "Quando se completou o tempo previsto, Deus enviou seu Filho, nascido de *mulher*, nascido sujeito à Lei" (Gl 4,4). Sobre essa menção indireta, asseverou René Laurentin: "Este testemunho talvez seja o mais antigo que tenha chegado até nós"[27]. A mulher anônima de Gálatas é a mesma que o evangelista Lucas nomeará: "O nome da virgem era Maria" (Lc 1,27). O termo *mulher* será utilizado diversas vezes pelo evangelista João para identificar Maria, mãe de Jesus (Jo 2,4; 19,26). Sobre uma possível datação da Epístola aos Gálatas, Laurentin considera que "Ela foi composta ou em 48-49 d.C., durante a viagem a Antioquia, ou entre 53 d.C. e 58 d.C., durante a viagem a Éfeso"[28]. Essa datação varia muito entre os exegetas. A respeito da menção na literatura paulina,

[27] LAURENTIN, René. *Breve Tratado de teologia mariana*, 19.

[28] Ibid.

observou Pe. Rafael Linhares: "Maria no texto Paulino é o meio pelo qual o Filho de Deus vem ao mundo"[29]. Pe. Rafael Linhares ainda asseverou:

> A figura de Maria em toda a Sagrada Escritura possui uma grande relevância, uma vez que a pessoa dela está intimamente relacionada com a figura de Jesus. É preciso compreender que essa relação íntima da mãe com seu Filho dá ao desenvolvimento teológico uma gama de possibilidades para a investigação dos mistérios de Deus relacionados a Maria[30].

O Evangelho de Marcos, possivelmente escrito por volta do ano 60 d.C., – com variação da datação pelos exegetas (60-80 d.C.) – seria o mais antigo Evangelho a fazer referência a Maria. Observou o Pe. Rafael Linhares: "Em Marcos, a figura de Maria ainda é obscura em seu mistério teológico salvífico"[31]. Marcos faz apenas três menções sobre a Mãe de Jesus (Cf. Mc 3,20-21; 3,31-35; 6,1-6). O narrador deste texto teve como objetivo apresentar quem foi Jesus. Não era seu interesse escrever qualquer história biográfica ou teológica sobre Maria. Clodovis Boff observou que "Marcos tem apenas uma 'mariologia à estaca zero', uma 'mariologia a-mariológica'. Para ele, 'Maria é como uma *mulher qualquer*'. É, na verdade, a mariologia dos 'crentes' e dos agnósticos"[32]. Como dissemos anteriormente, nos primeiros séculos o interesse era apresentar Jesus, como é o caso do Evangelho de Marcos, por se tratar de um texto muito antigo é muito rudimentar. Asseverou Frei Clodovis: "A lição que fica para nós é que o 'mistério de Maria', em seus inícios, era tão obscuro que ficou praticamente invisível. O primeiro evangelho escrito sequer *suspeita* do Mistério que envolve Maria e que os evangelistas seguintes porão paulatinamente à luz"[33].

O Evangelho de Mateus apresenta narrativas destinadas às comunidades judaicas primitivas. Trata-se do segundo mais antigo. A partir da classificação dos exegetas ele teria sido escrito por volta do ano 70 d.C. Mateus foi o primeiro evangelista a dar a chave de leitura da profecia de Isaías: "Eis que a jovem (*ha 'almah*) está grávida e dará à luz um Fi-

---

[29] PINTO, Pe. Rafael Augusto Linhares. *Compêndio de Mariologia*, 176.
[30] Ibid., 49.
[31] Ibid., 94-95.
[32] BOFF, Clodovis. *Introdução à Mariologia*, 31.
[33] Ibid., 37.

lho e dar-lhe-á o nome de Emanuel" (Is 7,14), chave esta que posteriormente servirá como fundamento bíblico para argumentação do Dogma da Virgindade Perpétua. Mateus, ao fazer referência a esta passagem bíblica, reconheceu em Maria "a jovem" ou, segundo outras traduções, "a Virgem". O número de referências à Maria no Evangelho de Mateus é variado (Cf. Mt 1,16; 1,18-22; 2,11; 2,13-14; 2,19-21; 12,46-50; 13,54-58). Clodovis Boff ponderou que, "em Mateus, Maria emerge como uma 'personagem' importante da História da salvação. Maria é mais que mera mãe clânica"[34]. O Pe. Rafael Linhares observou que "o Evangelho de Mateus tem a intenção de mostrar Jesus como o verdadeiro Deus e verdadeiro homem e, por isso, seu texto tem como uma introdução a genealogia de Jesus [...] Mateus tem a intenção de mostrar Maria como a Mãe Virginal do Messias Salvador"[35].

Já o Evangelho de Lucas, apresenta narrativas destinadas às comunidades fundadas por Paulo e, certamente, é o Evangelho que melhor apresenta fatos biográficos a respeito de Maria. Observou o Pe. Rafael Linhares, que "em Lucas nós temos uma visão mariológica teológica-antropológica [...]. Maria é uma mulher histórica, que é situada no tempo: "No tempo de Herodes, rei da Judeia' (Lc 1,5)"[36]. O Evangelho de Lucas foi possivelmente escrito por volta dos anos 80 d.C.. O número de referências a Maria no Evangelho de Lucas é variado (Cf. Lc 1,26-38; 1,39-35; 1,47-55; 2,19; 2,21-40; 2,41-52; 8, 19-21; 11,27-28) e apresenta semelhanças com as narrativas de Marcos e Mateus. O que nos interessa em Lucas é que, "ao contrário, ele coloca-se do ponto de vista de Maria. É ela quem ocupa o centro da narração, a qual provém, ao menos em parte, das lembranças que ela conservava em seu coração (Lc 2,19; 2,51)"[37].

A teologia *lucana* sintetiza a relação de Maria no mistério de Cristo, pois ao inserir a figura de Maria ele prefigura a imagem da humanidade e sua narrativa teológica possui caráter universal: "em Maria não só Lucas vê a origem humana de Jesus, mas também de um novo povo; por isso existem momentos em que fala dela como se da filha de Sião se tratasse"[38]. Sobre a narrativa *lucana*, destacou Frei Clodovis: "em Lucas, Maria já é uma 'personalidade': mulher responsável, autônoma, determinada.

[34] BOFF, Clodovis. *Introdução à Mariologia*, 31-32.
[35] PINTO, Pe. Rafael Augusto Linhares. *Compêndio de Mariologia*, 88.
[36] Ibid., 99.
[37] LAURENTIN, René. *Breve Tratado de teologia mariana*, 24.
[38] PAREDES, José Cristo Rey García. *Mariologia: síntese bíblica, histórica e sistemática*, 122-123.

Tem um rosto, um perfil, um caráter. Tem, em suma, uma identidade própria"[39]. Sobre a construção teológica do texto, ressaltou José García Paredes, que "grande parte do discurso de Lucas sobre Maria acha-se situado no prólogo cristológico com o qual inicia sua obra. Aparece também em dois momentos da vida pública de Jesus e em outro texto introdutório dos Atos dos Apóstolos"[40]. No conjunto da obra *lucana*, além de seu Evangelho, deve-se acrescentar os Atos dos Apóstolos, obra também de Lucas, onde se encontra a narrativa da última referência bíblica a Maria (At 1,14). Deve-se considerar que, quando o evangelista narra nos Atos dos Apóstolos que os discípulos e algumas mulheres perseveravam unânimes em oração com Maria, ele desejou apresentar qual a importância da presença da Mãe do Senhor para as Comunidades nascentes.

O Evangelho de João, escrito provavelmente por volta do ano 90 d.C., com variação na datação por parte dos exegetas, que o atribuem entre 90 d.C. e 100 d.C., é um Evangelho destinado às comunidades gregas. Sua formulação narrativa e construção teológica expressam fortes influências helenistas. A literatura Joanina é um conjunto que compreende o Evangelho de João, as Epístolas e o Apocalipse. O número de referências a Maria no Evangelho de João é sucinto (Cf. Jo 2,1-12; 6,42; 19,25-28). Seus escritos são repletos de enigmas e metáforas: "João usa uma linguagem simbólica, que permite uma maior contemplação do mistério"[41]. Observou Frei Clodovis que, "em síntese, a mariologia de João apresenta a Mãe de Jesus como: 1) a mediadora da fé (em Caná); 2) a mãe da Comunidade de fé (aos pés da cruz); 3) a 'mulher', símbolo da Igreja, da Nova Humanidade e mesmo do Cosmos glorificado (Ap 12)"[42]. Considerou Pe. Rafael Linhares que "João coloca a figura de Maria unida ao mistério de Cristo e da Igreja, e também como um ícone escatológico"[43]. Devido ao gênero literário utilizado por João, podemos considerar que "João tem uma 'alta mariologia', uma 'mariologia simbólica'. A Maria de João transcende infinitamente Maria de Nazaré"[44]. Por séculos os exegetas compreenderam que a mulher narrada em Apocalipse 12 era a imagem de Maria. Porém a exegese contemporânea, oriunda do Concílio Vaticano II,

---

[39] BOFF, Clodovis. *Introdução à Mariologia*, 32.
[40] PAREDES, José Cristo Rey García. *Mariologia: síntese bíblica, histórica e sistemática*, 121.
[41] PINTO, Pe. Rafael Augusto Linhares. *Compêndio de Mariologia*, 147.
[42] BOFF, op. cit., 70.
[43] PINTO, op. cit., 148.
[44] BOFF, op. cit., 33.

interpreta a narrativa de Apocalipse 12 como a imagem da Igreja. Trata-se de um texto com muitas controvérsias exegéticas: "A Mulher do Apocalipse possui uma dupla vertente interpretativa, que reflete a vida de Maria e da Igreja"[45]. Com relação às possíveis interpretações a serem feitas a essa passagem joanina, declarou o mariólogo René Laurentin: "Apocalipse 12 visa ao mesmo tempo Maria e a Igreja. João descreve uma sob os traços que convém à outra. O processo é usual e assinala uma relação tipológica entre as duas realidades"[46]. Essa consideração é a mais pertinente, pois valoriza as duas possíveis interpretações referentes ao texto joanino.

Com relação aos dados mariológicos oriundos do Novo Testamento, podemos constatar que os evangelistas e o apóstolo Paulo, mesmo com as limitações de seu tempo, legaram-nos uma obra mariológica relevante, observou Frei Clodovis: "1) Marcos nos dá uma mariologia étnica; 2) Mateus nos dá uma mariologia histórico-salvífica; 3) Lucas nos dá uma mariologia teológico-antropológica; 4) João nos dá uma mariologia simbólica, uma 'alta mariologia'"[47].

Não trataremos a respeito da literatura apócrifa dos primeiros séculos do Cristianismo. Apesar de vasta e de possuir uma relevância, enquanto valor histórico, não comporta aqui descrevê-la: "A importância dos apócrifos marianos situa-se sobretudo ao nível dogmático, já que eles intuem e traduzem em linguagem mítico-poética e fantástica, verdades que, em segundo momento, entrarão no ensinamento oficial da Igreja"[48]. Os textos apócrifos que mais fazem referência a Maria são o *Protoevangelho de Tiago* (séc. II) e o *Trânsito da Bem-Aventurada Virgem Maria* (séc. IV).

O período apostólico foi sucedido pelo período patrístico, época de grande florescimento de acirradas discussões mariológicas. Nos primeiros séculos, o intuito de debates a respeito de Maria consistiu na defesa do dogma cristológico, cujo propósito era salvaguardar a humanidade e divindade de Cristo. Podemos considerar que "o desenvolvimento mariológico está unido ao mistério de Cristo"[49]. A estreita relação entre Mãe e Filho permitiu um desenvolvimento teológico que prestigiasse a am-

[45] PINTO, op. cit., 165.
[46] LAURENTIN, René. *Breve Tratado de teologia mariana*, 42.
[47] BOFF, Clodovis. *Introdução à Mariologia*, 71.
[48] FIORES, Stefano De; MEO, Salvatore (Org.). *Dicionário de Mariologia*, 826.
[49] PINTO, Pe. Rafael Augusto Linhares. *Compêndio de Mariologia*, 179.

bos ainda nos primeiros séculos. Em resposta às heresias cristológicas – Docetismo, Ebionismo, Gnosticismo etc. – que foram surgindo, os primeiros autores eclesiásticos formularam defesas que foram se desenvolvendo e se tornaram doutrinas. Já no século II, Sto. Inácio de Antioquia afirmou: "Permaneceu oculta ao príncipe deste mundo a virgindade de Maria e seu parto"[50]; São Justino: "A Virgem Maria, porém, concebeu fé e alegria quando o anjo Gabriel lhe anunciou a Boa-Nova de que o Espírito do Senhor viria sobre ela"[51]; Sto. Irineu de Lyon: "Da mesma forma que aquela (Eva) foi seduzida para desobedecer a Deus, esta (Maria) se deixou persuadir a obedecer a Deus para ser ela, a Virgem Maria, a advogada de Eva"[52]. Ainda no século II São Justino, Sto. Irineu de Lyon e Tertuliano desenvolveram a teoria da recapitulação de Adão em Cristo e recirculação de Eva em Maria. Percebe-se que já nos primeiros séculos houve progressos mariológicos, o que, posteriormente, foi se solidificando e sistematizando até se configurar como doutrina reconhecida pela Igreja.

No século III, Orígenes foi um dos primeiros a chamar Maria de *Theotókos* (243)[53]. É desse período, com datação em torno do ano 250 d.C., a primeira oração conhecida que recorre à intercessão de Maria: *Sub tuum praesidium*[54]. Já no século IV, com o advento do Édito de Milão (313), do imperador Constantino e da Constituição *Cunctus Populos* (380), do imperador Teodósio, a liberdade conquistada pela Igreja lhe permitiu a formulação de *escolas* teológicas. A partir daí os escritos Cristológicos-Mariológicos foram se consolidando. Em 346 foi proferido o *Sermão sobre a santa Virgem e sobre Isabel*, de Atanásio de Alexandria (373)[55]. O *Sermão sobre a Anunciação* de Gregório de Nissa (392)[56]. Santo Efrém (373) compôs uma monografia mariana: *De margarita*[57]. São Jerônimo, por volta de 383, escreveu *Adversus Helvidium*, que se referia à virgindade de Maria à luz das Sagradas Escrituras[58]. Epifânio de Salamina foi

---

[50] Ibid., 183.
[51] Ibid.
[52] PINTO, Pe. Rafael Augusto Linhares. *Compêndio de Mariologia*, 184.
[53] Cf. KRIEGER, Murilo S. R. *Com Maria, a Mãe de Jesus: Mariologia para leigos*. Aparecida, SP: Editora Santuário, 2017, 40.
[54] Cf. MESSORI, Vittorio. *Hipóteses sobre Maria: fatos, indícios, enigmas*. Aparecida, SP: Editora Santuário, 2008, 221-224.
[55] Cf. FIORES, Stefano De; MEO, Salvatore (Org.). *Dicionário de Mariologia*, 847.
[56] Cf. Ibid.
[57] Cf. Ibid., 848.
[58] Cf. Ibid.

o primeiro a levantar a questão do destino final de Maria (Assunção)[59], compondo uma extensa carta aos cristãos da Arábia a respeito da virgindade perpétua de Maria para combater os *antidicomarianitas*, que foi inserida na obra *Panarion* (374-377)[60]. Em *De Virginitatibus*, Sto. Ambrósio apresentou Maria como modelo para as jovens, que desejavam consagrar-se a Deus pelo voto de virgindade[61]. Nos séculos IV e V ocorreram quatro importantes Concílios: Niceia (325), Constantinopla (381), Éfeso (431) e Calcedônia (451), eles traçaram rumos teológicos relevantes para a Cristologia e Mariologia.

Com o passar dos anos, o culto a Maria foi se oficializando e se tornando muito popular nas igrejas. Aqui cabe recordar que o *sensus fidelium* muito contribuiu para esse desenvolvimento. Em Jerusalém, no século V, já era celebrado "o dia de Maria Theotókos", em 15 de agosto. E em Antioquia, por volta de 411, já era atestada uma memória da Virgem em janeiro. No Egito, cerca do ano 500, já era festejado, em 16 de janeiro, "o dia de Santa Maria". No final do século VI foram se desenvolvendo as festas Marianas: Conceição em 8 de dezembro, Natividade em 8 de setembro, Apresentação em 21 de novembro, *Dormição* em 15 de agosto. Observou René Laurentin: "Em suma, a primeira festa mariana apareceu no século V, em dependência do Natal, salvo em Jerusalém. A partir do fim do século seguinte, começa uma eclosão de festas particulares"[62]. Entre a segunda metade do século V e os primeiros anos do século VI surgiu, em Constantinopla, o hino *Akáthistos*. Trata-se de um poema em grego recitado em forma de hino dedicado a Maria. No século VII, em 649, ocorreu o Concílio de Latrão, que proclamou o Dogma da Virgindade Perpétua de Maria, colocando um fim a antigas querelas. No século IX, foi criada por Alcuíno, a Missa da Virgem aos sábados[63], costume que se estendeu até os dias atuais.

Na Idade Média (séc. V – XV) surgiram importantes autores eclesiásticos, que fizeram referência a Maria: André de Creta, São Beda, João Damasceno, Anselmo de Canterbury, Bernardo de Claraval, Alberto Magno etc. Na Idade Média, houve um florescimento mariano: "No vasto panorama dos escritos medievais, a figura de Maria emerge como objeto

[59] Cf. LAURENTIN, René. *Breve Tratado de teologia mariana*, 58.
[60] Cf. FIORES, Stefano De; MEO, Salvatore (Org.), op. cit., 848.
[61] Cf. KRIEGER, op. cit., 42.
[62] LAURENTIN, René. *Breve Tratado de teologia mariana*, 62.
[63] Cf. Ibid., 75.

de reflexão teológica e de oração universal"[64]. Em 1050 foi composta a oração da Salve Rainha pelo monge beneditino Herman Contrat (1013-1054). No século XII começou a ser rezada a primeira parte da antífona *Ave Maria*, que foi concluída na forma atual, em 1496[65]. No século XIII, São Boaventura e Sto. Tomás de Aquino colaboraram para a formação de uma sólida doutrina mariana. Sto. Tomás referiu-se a Maria em sua *Summa Theologica*[66]. Podemos constatar que o século XII foi um período mariano forte na Igreja. Já o século XIII foi marcado pelo surgimento das novas Ordens religiosas, que se colocaram sob o patrocínio de Maria, como os Carmelitas (1200), os Mercedários (1218) e os Servos de Maria (1233). Essas Ordens religiosas foram importantes na propagação da devoção mariana. Muitas delas possuíam ofícios marianos e liturgias marianas próprias, o que contribuiu para a difusão do culto mariano na Idade Média. Também "na Idade Média estiveram abertas as questões sobre a Assunção e a Imaculada Conceição de Maria. Questionamentos que perpassaram os tempos, tendo seus adeptos e aqueles que prefeririam não afirmar"[67]. O século XIII foi marcado pelo surgimento de diversas práticas devocionais marianas, como: o Rosário (1206), o Escapulário do Carmo (1251), as Ladainhas Lauretanas (1291).

Do século XIV até o século XIX houve significativos avanços mariológicos, pois "a partir desse século, temos também um grande crescimento da Arte Sacra, por isso, a propagação devocional se torna uma forma eficaz de evangelização, pelos cânticos, pinturas e esculturas, pelos belos poemas e tratados de mariologia que começaram a surgir"[68]. No século XIV o poeta Dante Alighieri (1265-1321) dedicou a Maria alguns versos em sua obra "*A Divina Comédia*", na terceira parte, em que ele descreveu o Paraíso:

> Ó Virgem Mãe, filha do Filho teu, humilde e mais sublime criatura, pedra angular do desígnio do Céu.
> Tal é teu império que, por certo, erra quem busca Graça, e a ti não recorre, como a voar sem asas que se aferra.

[64] FIORES, Stefano De; MEO, Salvatore (Org.). *Dicionário de Mariologia*, 848.

[65] Cf. KRIEGER, Murilo S. R. *Com Maria, a Mãe de Jesus: Mariologia para leigos*, 47.

[66] Cf. AQUINO, Tomás de. *Suma teológica I*. Vol. 4. Campinas, SP: Editoras Permanência & Ecclesiae, 2017, III pars, qq. 27-31, 207-244.

[67] PINTO, Pe. Rafael Augusto Linhares. *Compêndio de Mariologia*, 201.

[68] PINTO, Pe. Rafael Augusto Linhares. *Compêndio de Mariologia*, 201.

> Não só a benignidade tua socorre a quem a implora, mas, por tua vontade, antes do rogo, muita vez, já ocorre.
> Em ti misericórdia, em ti piedade, em ti grandeza; é em ti que se consuma quanto haja uma criatura de bondade[69].

Também no século XIV João Duns Scotus (1266-1308) se envolveu em uma acirrada disputa mariana entre franciscanos e dominicanos e desenvolveu suas teorias imaculistas em meio à problemática da doutrina da Imaculada Conceição, propondo a teoria da preservação de Maria dos efeitos do Pecado Original. No século XV foi composto, em latim, o *Ofício da Imaculada Conceição* pelo franciscano Bernardino de Bustis (1450-1513)[70], Ofício que marcou época e contribuiu para a devoção popular e o culto mariano. Com relação à arte sacra mariana, esta ganhou força também nesta época. Pois,

> A ascensão da arte sacra se dá no século XV. [...] Neste período, vemos surgir uma grande quantidade de artistas que buscavam a perfeição das formas humanas. Também nesse período, influenciadas pelas devoções populares, começaram a surgir imagens, pinturas e músicas que tinham o intuito de catequizar aqueles que estavam em contato com elas. E começamos, assim, a encontrar pinturas que expressam os mistérios do Santo Rosário, da Via Sacra, e expressões dogmáticas marianas, bem como expressões da piedade popular, como a Pietá de Michelangelo [...] Também começam a pintar e esculpir a fisionomia de Maria com os traços nacionais, como uma expressão da maternidade espiritual de Maria para com aquela nação[71].

Já no século XVI, "Suárez elabora em 1590 a primeira mariologia sistemática; depois Salazar, que, em 1618, lança as primeiras grandes obras sobre a Imaculada Conceição e a primeira exposição *ex-professo* sobre a parte de Maria na Redenção"[72]. É desse período o Concílio de Trento (1545-1563) que "limitou-se a afirmar, em relação a Maria, a legitimidade de seu culto (cf. DS 1821-1825)"[73]. Em 1563 os Jesuítas fundaram as Congregações Marianas, associações religiosas para o laicato. Também

---

[69] ALIGHIERI, Dante. *A Divina Comédia. Paraíso, Canto XXXIII*. São Paulo: Martin Claret, 2002.
[70] Cf. PINTO, op. cit., 206.
[71] Ibid., 207-208.
[72] LAURENTIN, René. *Breve Tratado de teologia mariana*, 92.
[73] KRIEGER, Murilo S. R. *Com Maria, a Mãe de Jesus: Mariologia para leigos*, 48.

no ano de 1563 São José de Anchieta (1534-1597) escreveu seu célebre poema *De Beata Virgine Matre Dei Maria*, conhecido como *O Poema da Virgem*, contendo 5.787 versos. No século XVII ganhou força a espiritualidade mariana, com diversos autores que se dedicaram a escrever belas páginas a respeito do caráter espiritual de Maria. Com destaque para São Luís Maria Grignion de Montfort (1673-1716), que compôs o *Tratado da Verdadeira devoção à Santíssima Virgem*, e Sto. Afonso Maria de Ligório (1696-1787), que escreveu *As glórias de Maria Santíssima* (1750). No século XVIII surgiu o costume do "voto sanguinário" ou "voto de sangue"[74], muito comum entre 1714 e 1764. Este estava ligado ao compromisso de defesa da doutrina da Imaculada Conceição de Maria. No século XIX ressurgiu o "voto de escravidão" a Maria, que teve início na Espanha no século XVI e que foi retomado após a descoberta do *Tratado da Verdadeira Devoção à Santíssima Virgem*, em 1842.

Os séculos XIX e XX foram marcados por diversos eventos marianos, especialmente duas definições dogmáticas: Dogma da Imaculada Conceição (1854) e Dogma da Assunção (1950). Esse foi também um período marcado pelas 11 encíclicas do papa Leão XIII sobre o rosário: *Supremi Apostolatus Officio* (1883), *Octobri Mense* (1891), *Magnae Dei Matris* (1892), *Iucunda Semper Expectatione* (1894), *Augustissimae Virginis Mariae* (1897) etc. Surgiram também no século XIX diversos santuários marianos: da Medalha Milagrosa (1830), La Salette (1846), Lourdes (1858). Nos séculos XIX e XX surgiram diversos autores que trataram a respeito de temas marianos: o Cardeal John Newman (1801-1890); M. J. Scheeben (1835-1888); Jean-Baptiste Terrien (1832-1903); Réginald Garrigou-Lagrande (1877-1964); Antonio Royo Marin (1913-2005); René Laurentin (1917-2017); Clodovis Boff (1944). Na década de 1920 surgiu a chamada *Mariologia Científica*[75], sob os influxos de Scheeben e da corrente lançada pelo Cardeal Mercier (1851-1926), que refletia a respeito da mediação mariana.

Em 1953, com a Carta Encíclica *Fulgens Corona*, o papa Pio XII (1876-1958) ordenou um Ano Mariano a ser celebrado em 1954, o primeiro da história da Igreja, convocado em comemoração ao 1º Centenário do Dogma da Imaculada Conceição. Em 1954, ele publicou a Carta Encíclica *Ad Caeli Reginam*, que instituiu a festa de Maria Rainha. Em 1958 ele

[74] Cf. LAURENTIN, René. *Breve Tratado de teologia mariana*, 1965, 93.
[75] Cf. Ibid., 100.

celebrou o 1º Centenário das aparições de Lourdes. Em 1961, por meio da bula papal *Humanae salutis*, o papa João XXIII (1881-1963) convocou o Concílio Vaticano II (1962-1965), que dedicou o capítulo VIII da Constituição Dogmática *Lumen Gentium* para falar a respeito da Bem-Aventurada Virgem Maria Mãe de Deus no Mistério de Cristo e da Igreja. Em 1967, o papa Paulo VI (1897-1978) publicou a Exortação Apostólica *Signum Magnum*, consagrada ao Culto da Virgem Maria, Mãe da Igreja e modelo de todas as virtudes. Em 1974, o papa Paulo VI publicou a Exortação Apostólica *Marialis Cultus* sobre o culto relativo à Virgem Maria. Em 1987, o papa João Paulo II (1920-2005) convocou um Ano Mariano e, no mesmo ano, publicou a Carta Encíclica "*Redemptoris Mater*" sobre a Bem-aventurada Virgem Maria na vida da Igreja. Em 2002, o papa João Paulo II, publicou a Carta Apostólica *Rosarium Virginis Mariae* sobre a oração do rosário. Após esse período cessaram as Encíclicas marianas e houve, até então, apenas referências a Maria nos documentos papais.

1.2. A Mariologia do Concílio Vaticano II (1962-1965)

Com relação à Mariologia proveniente do Concílio Vaticano II devemos ressaltar que, durante as sessões conciliares, houve uma acirrada discussão a respeito da doutrina acerca da Virgem Maria. Alguns padres conciliares propunham que o Concílio deveria compor um documento marial à parte e que esse documento tratasse especificamente a respeito de Maria. Outros prelados consideravam que o tema devia ser integrado no mesmo esquema sobre a Igreja, vindo a prevalecer a última posição, com pequena margem de preferência[76]. O Capítulo VIII passou por cinco redações sucessivas até ser aprovado praticamente por unanimidade[77] pelos padres conciliares. Isso favoreceu para que a Mariologia entrasse como um capítulo na Constituição Dogmática *Lumen Gentium* (1964), que tratou a respeito da Igreja. O Capítulo VIII da *Lumen Gentium* é um adendo curto, porém, denso, e de uma profundidade teológica considerável, que propôs uma Mariologia integrada às diversas áreas da Teologia.

Sobre o desenvolvimento mariológico proposto pelo Vaticano II devemos considerar que,

[76] Cf. BOFF, Clodovis. *Introdução à Mariologia*, 93.
[77] Cf. Ibid.

> O Concílio reafirma Maria como Mãe de Jesus, aquela que trouxe ao mundo o Filho de Deus, aquela que foi escolhida para que na plenitude dos tempos, quando os homens fossem capazes de acolher a salvação de Deus (Jesus), fosse ela também uma verdadeira medianeira entre os homens e o Mediador. [...] Maria, além de ser uma figura digna de respeito e devoção, é entendida pela Igreja como o modelo de cristã. Com isso, vemos uma relação íntima entre ela e a Igreja[78].

Com relação ao Capítulo VIII da Constituição Dogmática *Lumen Gentium,* podemos considerar que ele "apresenta uma estrutura nova. Em harmonia com o título, ele integra o mistério da mãe de Deus no mistério de Cristo e da Igreja"[79]. A *Lumen Gentium* aborda, de modo concreto, o concernente a Maria no Mistério de Cristo e da Igreja nos respectivos parágrafos 52-54 (Proêmio) e 60-65 (A Bem-Aventurada Virgem e a Igreja), que estão desenvolvidos no Capítulo VIII intitulado: *A Bem-Aventurada Virgem Maria Mãe de Deus no Mistério de Cristo e da Igreja*. Esse capítulo "apresenta a doutrina clássica em termos modernos: a mãe de Deus, tipo da Igreja, é vista como uma pessoa que se oferece livre e conscientemente à graça de Deus"[80]. O documento conciliar resgata a figura de Maria em um viés teológico. Com isso, o Vaticano II cumpre seu propósito de apresentar Maria como arquétipo de uma realidade possível ao gênero humano, como ícone da virtude e imagem da Igreja. Com relação ao culto mariano, o documento declarou que "a verdadeira devoção a Maria aparece como promoção para a fé e o amor de Jesus"[81]. O Concílio apresentou Maria como a mulher inserida no Mistério de Cristo e da Igreja, que está estreitamente unida a ambos, pois foi a primeira a conformar a resposta humana - *Fiat* - ao plano redentor.

A respeito do Capítulo VIII da Constituição *Lumen Gentium*, observou Salvatore Meo: "No cap. VIII, pois, não encontramos novas definições sobre a pessoa, os privilégios, a missão de Maria. Todavia, por ser documento divulgado por um concílio ecumênico, ele deve ser considerado como ato do magistério extraordinário e, como tal, assume valor universal"[82]. E concluiu o mesmo autor que, com o Capítulo VIII, "pretendeu-

[78] PINTO, Pe. Rafael Augusto Linhares. *Compêndio de Mariologia*, 444.
[79] FIORES, Stefano De; MEO, Salvatore (Org.). *Dicionário de Mariologia*, 573.
[80] Ibid.
[81] Ibid.
[82] Ibid., 306.

-se propiciar não um tratado orgânico e completo de "mariologia", nem dirimir questões ainda discutidas entre os teólogos, mas simplesmente oferecer uma síntese teológica da doutrina mais segura sobre a virgem Maria"[83].

Embora o Vaticano II tenha concentrado seu enfoque marial, ao tratar da doutrina e o culto relativo a Maria no Capítulo VIII da Constituição *Lumen Gentium*, ele não eximiu de fazer outras referências marianas nos demais documentos que foram promulgados ao longo do período conciliar[84]. Devemos considerar que uma expressiva indicação mariana se encontra presente na Constituição Dogmática *Sacrosanctum Concilium* (1963), que ressaltou sinteticamente o seguinte: "na celebração anual dos mistérios de Cristo, a Igreja venera com amor Maria, mãe de Deus, indissoluvelmente ligada à obra salvífica do Filho; admira e exalta o fruto mais excelso da redenção; contempla, como em imagem puríssima, o que ela deseja e espera ser"[85]. O documento sobre a liturgia não se eximiu do tema mariano, pelo contrário, impulsionou-nos ao culto mariano e, posteriormente, fez eco na Exortação Apostólica *Marialis Cultus* (1974), que tratou sobre a reta ordenação do culto a Maria.

Encontramos em outros documentos conciliares menções a Maria, como no Decreto *Presbyterorum ordinis* (1965), que tratou a respeito do ministério e da vida dos sacerdotes. Em breve consideração, ele apresenta Maria como "auxílio dos sacerdotes em sua missão e modelo em discernir os tempos da vontade de Deus para a oportunidade do ministério que exercem"[86]. Já o Decreto *Ad gentes* (1965), que se referiu à atividade missionária da Igreja, propôs e "exorta todos os membros desta, pastores e fiéis, a recorrerem à intercessão da rainha dos apóstolos, a fim de que os pagãos sejam levados quanto antes à verdade evangélica"[87]. Por sua vez, o Decreto *Optatam Totius* (1965), que se ocupou a respeito da formação sacerdotal, recordou que "os seminaristas são exortados a amar e venerar com confiança Maria, que Cristo, ao morrer na cruz, deu como mãe do discípulo"[88]. Por fim, ponderou o Decreto *Perfectae Caritatis* (1965), que se desdobrou a respeito da renovação da Vida Religiosa:

---

[83] Ibid.

[84] Cf. Ibid., 296.

[85] FIORES, Stefano De; MEO, Salvatore (Org.). *Dicionário de Mariologia*, 296.

[86] Ibid.

[87] Ibid.

[88] Ibid.

"Maria é apresentada como modelo de todos os religiosos que, à luz de seu exemplo e por sua intercessão, progredirão na perfeição e produzirão abundantes frutos de salvação"[89].

Os documentos provenientes do Concílio Vaticano II são permeados de considerações marianas. Diversas referências à Virgem foram apresentadas, o que permitiu um avanço da Mariologia na perspectiva conciliar. O movimento conciliar propiciou um justo desenvolvimento teológico da Mariologia, contextualizando Maria, a mãe de Jesus, no devido âmbito eclesiológico, como parte integrante do Mistério de Cristo e Sua Igreja. Ao término da 3ª Sessão do Concílio, em 21 de novembro de 1964, o papa Paulo VI declarou Maria como *Mater Ecclesiae*. O Vaticano II se eximiu de proposições dogmáticas e optou por assertivas pastorais. Maria não é apenas Mãe da Igreja, mas também filha e membro da Igreja, pois em sua liberdade ela quis se associar ao seu Filho Jesus e, assim, também, associar-se à Igreja de Jesus Cristo, como autêntica discípula de seu Filho. O Vaticano II nos propôs uma Mariologia inserida na Cristologia e Eclesiologia, que não deve ser dissociada das diversas áreas que compõe a Teologia Sistemática.

1.3. Cristologia Marial

Assim resumiu o Arcebispo Fulton Sheen: "Não só os judeus esperavam o nascimento de um Grande Rei, um Homem Sábio e um Salvador, mas Platão e Sócrates também falavam de um Logos e de um Sábio Universal "ainda por vir"[90]. Jesus foi um judeu "marginal" sempre às margens da história de seu povo, "o Filho de Deus feito homem foi convidado a entrar em seu próprio mundo pela porta dos fundos"[91]. Alguns anos antes do nascimento de Jesus, "a quarta écloga de Virgílio relatou a mesma tradição ancestral e falava de uma mulher casta, sorrindo para seu menino infante, que poria fim à era do ferro"[92]. Mas os versos mais belos que comoveram a humanidade foram escritos pelo evangelista João: "In principio erat Verbum, et Verbum erat apud Deum, et Deus erat Verbum. Hoc erat in principio apud Deum. [...] Et Verbum caro factum est et ha-

[89] Ibid.

[90] SHEEN, Fulton J. *Vida de Cristo*. volume 1. Rio de Janeiro: Petra, 2018, 22.

[91] Ibid., 32.

[92] Ibid., 21-22.

bitavit in nobis, et vidimus gloriam eius gloriam quasi unigeniti a Patre plenum gratiae et veritatis" (Jo 1,1-18).

Em que consiste a Cristologia? "A Cristologia é uma parte da teologia que trata de Cristo e que estuda Jesus Cristo em si mesmo – o mistério de sua pessoa, como Deus e homem verdadeiro que viveu em determinadas condições históricas –, e Jesus na economia da salvação – como Messias, Redentor e nosso Salvador – tal como nos propõe a fé da Igreja."[93] A respeito do tema, assim definiu o papa Bento XVI: "A cristologia é o anúncio concretizado do reino de Deus"[94]. Observou Jacques Dupuis: "Em Jesus Cristo, o homem transcende a si mesmo até Deus, graças à descida de Deus até a condição humana. A encarnação do Filho de Deus cria entre Deus e o homem uma 'troca maravilhosa', pela qual o homem se faz parceiro de Deus"[95]. A estreita relação entre Mãe e Filho foi assegurada pelo Concílio de Éfeso (431), que proclamou Maria como Theotókos: "Por isso, [os santos Padres] não duvidaram chamar a santa Virgem de Deípara"[96]. Ratificando o que proclamou o Símbolo constantinopolitano: "*Et incarnatus est de Spiritu Sancto ex Maria virgine, et homo factus est*"[97].

Como área da Teologia Sistemática, a Cristologia está intrinsicamente interligada à Mariologia, pois são ciências análogas. Maria foi associada ao Mistério de Cristo quando ela consentiu com seu *Fiat* e *permitiu* a encarnação do Verbo: "A participação plena da Virgem na obra da redenção não altera a afirmação da mediação única de Cristo: somente Cristo é o redentor de todos os homens e, antes de tudo, de sua própria mãe"[98]. A estreita relação existente entre Mãe e Filho pode ser assim definida:

> Maria está em íntima relação com os mistérios de Cristo, presente nos momentos cruciais, tanto nas prefigurações do Antigo Testamento, quanto na vida do Verbo Encarnado. Maria está presente principalmente naqueles mistérios da vida de Cristo que se referem à vida e vocação universal de cada cristão. [...] Portanto há uma grande consonância entre a pessoa de Maria e a vida de Jesus Cristo. Maria parti-

[93] BARRIENDOS, Vicente Ferrer. *Jesus Cristo nosso Salvador: Iniciação à Cristologia*. Lisboa: DIEL, 2005, 13.
[94] BENTO XVI. *Jesus de Nazaré: da entrada em Jerusalém até a ressurreição*. São Paulo: Editora Planeta do Brasil, 2011, 178.
[95] DUPUIS, Jacques. *Introdução à Cristologia*. São Paulo: Loyola, 2015, 13.
[96] DENZINGER, Heinrich. *Compêndio dos símbolos, definições e declarações de fé e moral*. São Paulo: Paulina, Edições Loyola, 2015, 97.
[97] "E se encarnou, do Espírito Santo, de Maria Virgem, e se fez homem". Ibid., 66-67 (*tradução nossa*).
[98] FIORES, Stefano De; MEO, Salvatore (Org.). *Dicionário de Mariologia*, 638.

cipa do mistério de Cristo, mas também é reflexo perfeito do mistério da humanidade, em que ela, assim como seu filho, que é verdadeiro Homem, é também verdadeira Mulher no sentido mais profundo da palavra. A figura de Maria é propriamente o grande mistério de Cristo. Preparada por Ele, Vivendo com Ele e Permanecendo n'Ele de corpo e alma no Céu[99].

Podemos falar de uma Cristologia Marial a partir da encarnação do Verbo, como descreveu São Paulo: "Quando se completou o tempo previsto, Deus enviou seu Filho, nascido de mulher, nascido sujeito à Lei" (Gl 4,4). Constatamos que "a realidade da encarnação do Filho de Deus é enfatizada por seu nascimento de uma mulher"[100]. Sobre o assunto, ponderou José García Paredes: "'Nascido de mulher' significa, nesse contexto, que da mulher veio a plenitude, o fruto mais precioso e apreciado de nossa história, cumpriu-se a promessa, chegou o melhor presente de Deus"[101]. A partir do momento em que o Verbo se encarnou, Ele assumiu o tempo e a história, e o fato de Maria ter sido sua mãe e o ter concebido fez dela alguém singular: "a afirmação de que Jesus Cristo não só foi concebido por obra do Espírito Santo, mas que também foi 'nascido de mulher', fez a cristologia se ocupar também da Mãe de Jesus. A Mariologia transformou-se, então, em 'Maternologia' ou doutrina sobre a Mãe de Jesus"[102]. Estuda-se a respeito de Maria – Mariologia – devido à estreita relação existente entre ela e o Filho de Deus feito homem, pois "Maria incorporou fisicamente o Verbo à nossa raça; em troca, Ela se encontra incorporada a Ele, pela graça"[103].

Uma Mariologia que se quer autêntica está em consonância com a Cristologia e fundamentada em estudos que a direcione para o Mistério de Cristo. Maria não é um dado isolado na história. Ela está vinculada à *Soteriologia*, pois com seu *Fiat*, ela comprometeu-se com o Mistério da Encarnação e tomou parte na História, "pelo *Fiat* (na Anunciação e no Calvário) ela aceitou livremente a vocação"[104]. O que vincula Maria a Jesus não é somente a maternidade, não é apenas uma questão biológica, mas o discipulado. Maria aderiu ao projeto do Reino apresentado por

---

99 PINTO, Pe. Rafael Augusto Linhares. *Compêndio de Mariologia*, 24-25.
100 FIORES, Stefano De; MEO, Salvatore (Org.), op. cit., 634-635.
101 PAREDES, José Cristo Rey García. *Mariologia: síntese bíblica, histórica e sistemática*, 396.
102 Ibid., 236.
103 LAURENTIN, René. *Breve Tratado de teologia mariana*, 148.
104 SCHILLEBEECKX, Edward. *Maria, Mãe da Redenção*, 69.

seu Filho, ela se tornou sócia do Redentor: "Maria se acha concretamente associada a Cristo desde o início de seu evento salvífico até o Calvário e o evento pascal"[105]. A Mariologia não deve ser desvinculada da Cristologia, pois "essa perspectiva é tão fundamental que qualquer consideração em torno de Maria, que não leve em conta Cristo, falseia nossa visão da redenção cristã"[106]. Com relação à evolução teológica, observou José García Paredes: "O desenvolvimento da cristologia e da pneumatologia serviram para ressituar a mariologia em seu âmbito teológico autêntico"[107]. Como considerou Edward Schillebeeckx: "Maria ensina-nos a viver cristãmente. Toda a vida mariana é essencialmente cristocêntrica"[108].

De modo algum a Mariologia pode se distanciar da Cristologia, ou menos ainda, subjugá-la, igualmente a Cristologia em relação à Mariologia. Maria nos vincula de modo singular a Cristo, como nos recordou o papa João Paulo II: "Na história do mundo ninguém foi mais cristocêntrico, mais *cristofórico* (portador do Cristo) do que ela. Ninguém foi mais semelhante a Cristo, não só com a semelhança natural entre Mãe e o Filho, mas também com a semelhança do Espírito e da santidade"[109]. Sobre a relevância do estudo de Cristologia para se construir uma Mariologia que se quer válida e respaldada na Teologia, observou Edward Schillebeeckx: "Quem quiser obter compreensão autêntica do mistério mariano não pode considerá-lo isolado. Uma verdadeira mariologia só é possível em conexão com o mistério de Cristo, em função da cristologia"[110]. A Cristologia está para a Mariologia, como a Mariologia está para a Cristologia e como ambas estão para a Teologia Sistemática.

---

[105] FIORES, Stefano De; MEO, Salvatore (Org.). *Dicionário de Mariologia*, 637.
[106] SCHILLEBEECKX, op. cit., 5.
[107] PAREDES, José Cristo Rey García. *Mariologia: síntese bíblica, histórica e sistemática*, 400.
[108] SCHILLEBEECKX, op. cit., 99.
[109] João Paulo II, Homilia na Basílica de Santa Maria Maior, Roma, 8/12/1980 Apud OROZCO, Antonio. *Mãe de Deus e mãe nossa*. São Paulo: Quadrante, 2016, 13.
[110] SCHILLEBEECKX, op. cit., 5.

II

BREVE HISTÓRICO DOS DOGMAS MARIANOS

Com uma breve apreciação apresentamos as discussões que precederam as contribuições alfonsianas à doutrina da Imaculada Conceição. De modo sucinto, percorremos um itinerário histórico relativo aos dogmas marianos, buscamos demonstrar a relevância histórica e dogmática deles. Em nosso livro, seguimos a cronologia das proclamações, apresentando o desenvolvimento da doutrina relativa a Bem-aventurada Virgem Maria. Neste capítulo, percorremos o histórico das proclamações da Maternidade Divina, da Virgindade Perpétua, da concepção Imaculada e da Assunção ao Céu. Em nossa apreciação isentamo-nos de quaisquer desejos de contradição, ou mesmo, de averiguação comprobatória dos dogmas marianos. Em nosso percurso observamos que os dogmas marianos, mais do que simplesmente verdades de fé reveladas, são frutos de um processo evolutivo. Nosso intuito foi proporcionar aos leitores uma antecâmara das contribuições dadas por Sto. Afonso Maria de Ligório à doutrina da Imaculada Conceição, tomando em consideração o que já havia sido estabelecido doutrinalmente pela Igreja com relação aos dogmas marianos.

1. A relevância dos dogmas marianos

Ao se tratar da relevância dos dogmas marianos devemos considerar que, nos primórdios do Cristianismo, houve um longo período de ostracismo em relação às questões sistemáticas e teológicas. Somente a partir dos séculos III e IV que tivemos alguma centelha de sistematização teológica. No que se refere à Mariologia e aos dogmas marianos, isso ocorreu apenas a partir do século V, com a proclamação do dogma da *Theotókos* (431). René Laurentin afirmou: "Foi após séculos de espera e esforço progressivo que a Santa Sé veio a definir as verdades (por muito tempo escondidas) relativas ao princípio e ao fim do destino de Maria: Sua Imaculada Conceição e Sua Assunção"[1]. Podemos constatar que séculos depois ocorreu uma efervescência mariana na Igreja, posterior ao período patrístico, e que se estendeu até a Idade Média, abrandada nos séculos seguintes, até chegarmos à sistematização marial proposta pelo Concílio Vaticano II. Perceberemos que a dogmática marial foi consequência de um processo gradual e que, ao longo dos séculos, em consonância com a Cristologia, foi tomando forma e se delineando.

Com o passar dos séculos, foi ocorrendo um desenvolvimento da devoção mariana e isso propiciou a formulação de *sentenças dogmáticas*. Essas sentenças foram surgindo em relação aos méritos de Cristo como defesa das *verdades* propostas pela doutrina da Igreja. Com relação às questões dogmáticas devemos considerar que "o dogma só é corretamente entendido quando reconhecemos que ele remete ao mistério"[2] e que "todos os dogmas, na verdade, proclamam a ação de Deus na história em favor dos homens. Ele tem, pois, significado enquanto está a serviço da fé e da piedade de todo o povo cristão"[3]. Segundo Frei Clodovis Boff: "No verdadeiro desenvolvimento do dogma, nada se invente, tudo se descobre. Vai-se do implícito ao explícito"[4]. Os dogmas, mais do que simplesmente verdades de fé reveladas, são frutos de um processo evolutivo. Eles têm seu início no *sensus fidelium* e surgem a partir da fé do povo simples, que devota algo a Cristo, a Maria ou à Igreja. Essas sentenças, quando sistematizadas, tornam-se primeiramente doutrina que

---

[1] LAURENTIN, René. *Breve Tratado de teologia mariana*, 106.

[2] FIORES, Stefano De; MEO, Salvatore (Org.). *Dicionário de Mariologia*, 411.

[3] Ibid.

[4] BOFF, Clodovis. *Dogmas marianos: síntese catequético-pastoral*. São Paulo: Editora Ave-Maria, 2010, 7.

pode ou não culminar na proclamação de uma fórmula dogmática. Com relação a isso, observou José García Paredes: "Não é o mesmo um dogma no momento de sua proclamação que nos anos seguintes"[5].

Inicialmente, os dogmas marianos não possuíam a força e a compreensão hoje vigente, até mesmo porque a concepção dogmática passou por evolução e desenvolvimento. O conceito de *Dogma* que conhecemos foi formulado no Concílio Vaticano I (1869-1870), que o definiu a partir de dois elementos constitutivos: "Primeiro, deve ser uma verdade contida na revelação (elemento material); Segundo, deve ser uma verdade que a Igreja formulou e propôs expressamente como objeto de fé (elemento formal)"[6]. Com o alvorecer da Igreja e a sistematização da doutrina relativa à pessoa de Jesus Cristo, foi necessário estabelecer critérios do que era relevante ou não à doutrina cristã. Os dogmas do primeiro milênio *Theotókos* (Mãe de Deus) e *Aeiparthenos* (Virgindade perpétua) estão estritamente ligados à pessoa de Jesus Cristo e possuem um caráter cristológico e cristocêntrico. Eles têm um propósito apologético, pois foram formulados como defesa contra as heresias cristológicas. José García Paredes asseverou: "O dogma é, portanto, um convite a esquadrinhar as Escrituras e a Tradição, a descobrir o impacto da revelação na alma da Igreja em todos os séculos e em cada um de nós"[7].

Se interrogados sobre a necessidade dos dogmas, poderíamos responder: "Os dogmas servem para confirmar ou iluminar sentenças da S. Escritura ou da Tradição, para solucionar determinadas questões ou eliminar erros"[8]. Com relação às *fórmulas dogmáticas*, a Declaração da Congregação para a Doutrina da Fé *Mysterium ecclesiae* (1973) ponderou: "Quanto ao sentido mesmo das fórmulas dogmáticas, este permanece sempre verdadeiro e constante em si, na Igreja, mesmo quando é esclarecido mais e compreendido de maneira mais plena"[9]. Levando em consideração o que foi exposto anteriormente, devemos compreender que,

> em particular, o dogma não deve ser mais visto como uma fria proposição jurídica, apta apenas para determinar o limite entre ortodoxia e heresia, porém, sim, como uma formulação exata que, mesmo sem exprimir com

[5] PAREDES, José Cristo Rey García. *Mariologia: síntese bíblica, histórica e sistemática*, 288-289.
[6] FIORES, Stefano De; MEO, Salvatore (Org.)., op. cit., 410.
[7] PAREDES, José Cristo Rey García. *Mariologia: síntese bíblica, histórica e sistemática*, 291.
[8] DENZINGER, Heinrich. *Compêndio dos símbolos, definições e declarações de fé e moral*, 1394-1395.
[9] Ibid., 1076.

plenitude total o mistério inefável de Deus, abre o acesso para ele. O conceito católico de dogma apresenta-se assim em harmonia perfeita com a necessária superioridade do evangelho na Igreja e sobre a Igreja[10].

Sobre os dogmas marianos observou Frei Clodovis Boff: "Os dogmas marianos têm uma orientação cristocêntrica e, além disso, uma relevância antropocêntrica: são *propter Christum* e, como todos os dogmas, são *propter nos homines et propter nostram salutem* (por nós homens e por nossa salvação)"[11]. Os dogmas marianos não devem ser compreendidos em uma perspectiva de *privilégios* ou mesmo dessituados de seu contexto histórico e político, pois são parte de um todo, que é a doutrina cristã. São quatro os dogmas marianos e cada um está relacionado a um contexto e reflete um momento na história da Igreja. Asseverou José García Paredes que "a verdade sobre Maria vai se construindo à medida que entro no mundo que ela é e representa, no mundo das testemunhas que sobre ela deram testemunho"[12] e ainda constatou que "a verdade sobre Maria é uma construção comunitária, eclesial, na qual colaboram não poucos fatores e, cada vez mais, não poucas comunidades"[13].

Em seus estudos sobre os dogmas marianos, Edward Schillebeeckx destacou o caráter sobrenatural das formulações dogmáticas:

> O dogma é da parte de Deus um apelo claro aos homens. É um convite do amor divino solicitando nossa atenção e nossa resposta. O dogma que ensina que Maria é a Mãe de Deus constitui, então, um divino apelo a praticarmos a devoção mariana, e esse apelo nos vem do cerne da redenção. É por isso que o culto mariano está tão intimamente ligado ao cristianismo, e negligenciá-lo conscientemente seria mutilar a vida cristã[14].

Para ele, o dogma mariano possui um caráter mistérico, que emana da vontade deliberada de Deus, que assim o inspira e deseja. Já para José García Paredes:

---

[10] FIORES, Stefano De; MEO, Salvatore (Org.). *Dicionário de Mariologia*, 412.

[11] BOFF, Clodovis. *Mariologia Social: O significado da Virgem para a sociedade*. São Paulo: Paulus, 2006, 450.

[12] PAREDES, op. cit., 288.

[13] Ibid., 289.

[14] SCHILLEBEECKX, Edward. *Maria, Mãe da Redenção*, 95.

> As definições dogmáticas marianas devem ser interpretadas a partir dessa chave. Manifestam que é possível conhecer mais em profundidade a verdade sobre Maria desde uma tripla dimensão: protológica (Imaculada Conceição), histórica (maternidade virginal permanente) e escatológica (Assunção)[15].

José García Paredes analisa o dogma mariano a partir da perspectiva sistemática, tomando dimensões e categorias teológicas para expor suas sentenças. Para ele, a "finalidade de cada dogma é captar melhor a realidade fundamental da revelação"[16]. Ele propõe uma unidade flexível entre os dogmas: "Porém, ao mesmo tempo, com uma profunda e íntima interconexão entre todos eles: os dogmas se iluminam e se relativizam mutuamente"[17]. Os dogmas não podem ser dissociados da realidade, pois eles se consolidaram conforme as necessidades dos tempos, o que nos obriga a reconhecer que eles "foram formulados com palavras e categorias teológicas próprias de seu tempo e do momento teológico que a Igreja então vivia. Foram definidos dentro do que nós chamamos um peculiar 'ecossistema' teológico"[18].

A partir desta introdução, podemos nos debruçar sobre cada um dos quatro dogmas e averiguar, de modo breve, suas características históricas e teológicas. Devemos salientar que os dogmas não devem ser compreendidos como *privilégios* concedidos a Maria de forma que a isole ou distancie da realidade humana: "a verdade sobre Maria exerce uma admirável função animadora na existência cristã. Ela emerge cada vez mais como ícone do Espírito na Igreja, como ícone da mesma Igreja. Nela descobrimos nossa mais sublime vocação, nossa utopia"[19]. Os dogmas marianos foram o reconhecimento eclesial das maravilhas operadas por Deus na vida de Maria. Por isso devemos considerá-los como a ação da graça divina que, ao favorecê-la, fazia-o a toda a humanidade. Consideramos que, "de certa maneira, os dogmas marianos são atos muito audaciosos de fé em Deus Pai e em seu projeto"[20]. Não podemos nos esquecer que, "com efeito, o mistério de Maria não tem a lógica de um teorema, mas a de um destino livre, entregue às orientações algumas vezes desconcertantes do Espírito"[21].

---

[15] PAREDES, José Cristo Rey García. *Mariologia: síntese bíblica, histórica e sistemática*, 292.
[16] Ibid., 293.
[17] Ibid.
[18] Ibid., 294.
[19] Ibid., 296.
[20] PAREDES, José Cristo Rey García. *Mariologia: síntese bíblica, histórica e sistemática*, 292.
[21] LAURENTIN, René. *Breve Tratado de teologia mariana*, 12.

1.1. Da *Theotókos* (431) à *Aeiparthenos* (451)

Ao nos referirmos aos dogmas marianos do primeiro milênio, devemos considerar a sentença proposta pela *Marialis Cultus*: "Na Virgem Maria, de fato, tudo é relativo a Cristo e dependente dele: foi em vista dele que Deus Pai, desde toda a eternidade, escolheu-a mãe toda santa e a plenificou com dons do Espírito a ninguém mais concedidos"[22]. Não é possível dissociar qualquer sentença mariana das sentenças cristológicas, pois há uma estreita ligação entre Mãe e Filho. Só podemos falar de uma doutrina relativa a Maria a partir da perspectiva do *mistério* de Cristo. Tudo tem seu início na vontade deliberada da Trindade e em Seu projeto de Redenção, como observou o Concílio Vaticano II: "Quis, porém, o Pai das misericórdias, que a encarnação fosse precedida pela aceitação daquela que era predestinada a ser Mãe de seu Filho"[23]. Segundo o Pe. Rafael Linhares: "Em Maria, realiza-se uma obra profundamente trinitária, em que a Santíssima Trindade é a grande protagonista das maravilhas que foram realizadas nela"[24]. Os fatos precedem o dogma, por isso, é inegável que:

> O momento crucial do destino de Maria, o clímax de tudo o que precede e o fundamento de tudo o que se segue, é a Anunciação: a Virgem adquire aí a grandeza de uma nova ordem. Torna-se Mãe de Deus. O mistério desafia qualquer exposição linear. Sua riqueza não se deixa encerrar numa simples visão. Sua lógica é a de uma obra-prima e não a de uma dedução[25].

Para compreendermos as dimensões da doutrina mariana, é necessário ultrapassar a pessoa de Maria, visto ser indispensável entrar na lógica de Deus e nos indagar: Por que Deus quis tal meio? Talvez a resposta a essa e a outras interrogações esteja na narrativa paulina: "Quando, porém, chegou a plenitude do tempo, enviou Deus o seu Filho, nascido de mulher, nascido sob a Lei" (Gl 4,4). Esta é, certamente, a mais antiga narrativa mariana, ainda que indireta, ela dá fundamento ao edifício que é o dogma da *Theotókos*. Querendo a Trindade a encarnação do Verbo e

---

[22] PAULO VI. *Exortação Apostólica Marialis cultus*. São Paulo: Paulinas, 1974, n. 25.
[23] CONCÍLIO VATICANO II. *Lumen Gentium*. In: *Compêndio do Vaticano II*, 105.
[24] PINTO, Pe. Rafael Augusto Linhares. *Compêndio de Mariologia*, 238.
[25] LAURENTIN, op. cit., 125.

realizar Seu projeto de Redenção, Ela o quisera fazer na ordem natural, no tempo e na História. Assim, tornou-se indispensável que Jesus nascesse de mãe humana, "nascido de mulher". Portanto Maria foi a mãe judia de Jesus, o homem judeu. Segundo René Laurentin: "Maria incorpora fisicamente o Verbo à nossa raça; em troca, ela se encontra incorporada a Ele, pela graça"[26]. Por mais estapafúrdio que isso soe, Maria *permitiu* – proporcionou – a Jesus a condição humana. Segundo Edward Schillebeeckx: "A maternidade, aliás, não se reduz apenas ao dar à luz. É um longo processo, um crescimento que dura toda a vida, operado pela ação e reação da mãe e do filho"[27].

Apesar de encontrarmos nos quatro evangelistas alguma alusão à encarnação do Verbo, a narrativa da encarnação se encontra de modo mais detalhado, em Lucas 1,26-38. O relato é o alicerce bíblico que sustenta as sentenças do dogma. René Laurentin observou que: "O Evangelho da Anunciação compõe-se de três partes. Primeiro, a apresentação da Boa-Nova (1,28-29); depois, duas séries de precisões: concernente à origem humana do Messias (30-33); e a outra, mais velada, à sua origem divina (34-36)"[28]. Todo o evento é precedido pela expressão grega: *χαίρε* (Alegra-te), por se tratar de um evento divino, que só pode trazer alegria ao coração humano, é um convite à alegria escatológica. Da narrativa lucana subtraímos que, "A missão fundamental de Maria é, pois, unir o Salvador à raça humana. Essa consideração afasta as ilusões às quais os mariólogos são, às vezes, muito inclinados, e que desfiguram o plano salvador. Maria é menos o fim que o meio da Encarnação"[29].

É certo que "a maternidade divina de Maria é o primeiro e o maior título da Virgem Maria, em virtude do qual ela recebeu todos os privilégios dos quais é adornada"[30]. No século V, os cristãos do Oriente já haviam se familiarizado com a terminologia *Theotókos*, cuja tradução livre poderia ser "aquela que gerou Deus"[31]. O termo também era utilizado pelos pagãos para se referir às deusas-mães, como: Astarté, Ishtar e Cibele. Houve, inicialmente, uma adesão popular, de onde podemos perceber a presença do *sensus fidelium*, que proporcionou uma sistematização ini-

[26] LAURENTIN, René. *Breve Tratado de teologia mariana*, 148.
[27] SCHILLEBEECKX, Edward. *Maria, Mãe da Redenção*, 81.
[28] LAURENTIN, op. cit., 30.
[29] Ibid., 126.
[30] DEL GAUDIO, Daniela. *Maria de Nazaré: breve tratado de mariologia*, 89.
[31] OROZCO, Antonio. *Mãe de Deus e mãe nossa*, 15.

cial e que foi concluída com uma proclamação dogmática. Conta-se que em 428 d.C., o patriarca de Constantinopla, Nestório (386-451), enfureceu-se ao ser informado que o povo invocava Maria como *Theotókos* na Catedral de Santa Sofia[32]. Sua revolta não estava diretamente endereçada a Maria, mas à divindade de Jesus. Nestório "acreditava que Cristo era apenas um sujeito humano, unido, mas distinto do Verbo; um homem extraordinário, unidíssimo à Divindade, mas não verdadeiro Deus"[33]. Nestório protagonizou, juntamente com Cirilo de Alexandria (378-444), uma das maiores discussões teológicas do início do Cristianismo. As doutrinas nestorianas sobre a natureza de Cristo foram consideradas heréticas, pois propunham que Maria fosse chamada *Khristotókos* (Mãe do Cristo) e não *Theotókos* (Mãe de Deus).

Para resolver o impasse teológico, o imperador Teodósio II (401-450) convocou o Concílio de Éfeso no ano de 431, que contou com a aprovação do papa Celestino I (†432). Os embates se deram entre os membros das escolas de Alexandria (Orígenes, Alexandre, Atanásio, Eusébio de Cesareia e Cirilo de Alexandria) e de Antioquia (Deodoro de Tarso, Teodoro de Mopsuéstia, Nestório e João de Antioquia)[34]. O cerne das discussões era a natureza de Jesus Cristo: "os alexandrinos falam de união intrínseca, real, hipostática, isto é, no único ser ou subsistência do Verbo, motivo pelo qual julgam legítimo o intercâmbio dos atributos entre as duas naturezas e declaram legítimo o título de *Theotókos* dado a Maria"[35]. Em contrapartida, "os antioquenos, partindo do pressuposto aristotélico de que a uma natureza humana concreta corresponde uma subsistência humana própria, falam de conjunção externa, de *inabitação* do Verbo no homem, de união moral devida à benevolência e não segundo a subsistência"[36].

Segundo o Pe. Rafael Linhares:

> O Concílio de Éfeso combateu as grandes heresias cristológicas, que na época estavam se propagando no seio da Igreja. Debateu sobre os ensinamentos cristológicos e mariológicos de Nestório, patriarca de Constantinopla. Cerca de 250 bispos estiveram presentes. O concílio

---

[32] Cf. Ibid., 15.

[33] OROZCO, Antonio. *Mãe de Deus e mãe nossa*, 15-16.

[34] FIORES, Stefano De; MEO, Salvatore (Org.). *Dicionário de Mariologia*, 783.

[35] Ibid.

[36] Ibid.

foi conduzido em uma atmosfera de confronto aquecido pelas recriminações, e condenou o nestorianismo como heresia, assim como o arianismo e o sabelianismo[37].

Os padres conciliares aprovaram a doutrina proposta pelos padres alexandrinos a respeito das duas naturezas de Cristo, condenando Nestório, excluindo-o da dignidade episcopal e proclamando como legítima a invocação de Maria como *Theotókos*. Contudo, mesmo com as definições dogmáticas, as heresias nestorianas perduraram na Igreja. Observou o Pe. Rafael Linhares que "o sentido do título *Theotókos* (Deípara, Mater Dei) consiste na questão cristológica da unidade das duas naturezas de Jesus"[38]. O Concílio de Éfeso proclamou:

> Por isso [os santos Padres] não duvidaram chamar a santa Virgem de Deípara, não no sentido de que a natureza do Verbo ou sua divindade tenham tido origem da santa Virgem, mas no sentido de que, por ter recebido dela o santo corpo dotado de alma racional ao qual também estava unido segundo a hipóstase, o Verbo se diz nascido segundo a carne[39].

Com a definição conciliar foi possível o desenvolvido de uma teologia a respeito do dogma da maternidade divina de Maria, o que ocasionou o surgimento de sentenças relativas a esse dogma. À semelhança de um farol, o dogma tem uma dupla finalidade: iluminar e alertar. Devemos considerar que "A maternidade de Maria não é apenas uma consequência e como que uma recompensa de sua fé, mas ela parece ser seu reflexo e o sinal realizado"[40], ou ainda, que "A maternidade divina é evidentemente um dom sobrenatural totalmente gratuito"[41]. A esse respeito, declarou o Doutor Angélico: "Pelo fato de ser Mãe de Deus, Maria tem uma dignidade de certo modo infinita, por causa do bem infinito que é Deus. E nesse aspecto, não se pode imaginar uma dignidade maior, como não se pode imaginar coisa maior que Deus"[42]. Muitos autores eclesiásticos se

[37] PINTO, Pe. Rafael Augusto Linhares. *Compêndio de Mariologia*, 215.
[38] Ibid., 216.
[39] DENZINGER, Heinrich. *Compêndio dos símbolos, definições e declarações de fé e moral*, 97.
[40] LAURENTIN, René. *Breve Tratado de teologia mariana*, 127.
[41] OROZCO, Antonio. *Mãe de Deus e mãe nossa*, 24.
[42] AQUINO, Tomás de. Suma teológica III. Vol. 1. Campinas, SP: Editoras Permanência & Ecclesiae, 2017, q. 25, a 6, ad. 4, 211.

debruçaram sobre o assunto e desenvolveram suas teses, de modo que esse dogma fundamentou os demais dogmas marianos e tudo o que foi concedido a Maria foi em vista dos méritos de seu Filho Jesus Cristo.

Segundo Frei Clodovis: "Confessar que Maria é Mãe de Deus é afirmar o realismo do mistério da encarnação do Verbo: Jesus é verdadeiro homem, podendo sofrer e assim nos salvar. Esse dogma tem, pois, valor cristológico"[43]. O dogma mariano é sempre precedido pelo caráter cristológico. Para René Laurentin: "Deus fez da filiação humana do Verbo a imagem de Sua filiação divina. Cumulou Maria de uma santidade sem mácula, à semelhança do Pai. Desejou que a geração temporal do Verbo fosse virginal, segundo o modelo da geração eterna"[44]. Além da maternidade divina, Maria exerce sua maternidade na ordem da graça de uma forma que abrange toda a humanidade, "Maria é a mãe dos cristãos, e mãe de quantos ainda se encontram fora do cristianismo: mãe das missões e da evangelização, em virtude de sua participação na obra da redenção universal"[45]. Segundo o Pe. Garrigou-Lagrange: "Maria, já assim preparada para o seu destino como Mãe de Deus e Mãe de todos os homens, não devia ser menos perfeita que Eva desde a sua criação"[46]. Daí se subtraíram argumentos que iluminaram a compreensão dos demais dogmas marianos. O fundamento das outras três sentenças dogmáticas é a maternidade divina, e foi em vista desta que ela foi concebida Imaculada, conservou-se perpetuamente Virgem e ao final de sua peregrinação terrestre foi assunta (assumida) aos céus.

A estreita relação existente entre Mãe e Filho e a vontade deliberada da Trindade, proporcionou a elevação virtuosa de Maria, pois sua adesão – *Fiat* – ao projeto salvífico de seu Filho e o discipulado a distinguiu dos demais seguidores de Cristo. Com relação à tríplice missão e finalidade da maternidade divina, consideramos o que expôs o Pe. Garrigou-Lagrange: "Maria, enquanto Mãe do Deus-Redentor, está associada a ele sob este triplo ponto de vista. Está associada a Cristo, cabeça da Igreja, como Mãe espiritual de todos os homens; a Cristo primeiro mediador, como medianeira secundária e subordinada; a Cristo-Rei, como Rainha

[43] BOFF, Clodovis. *Dogmas marianos: síntese catequético-pastoral*, 17.
[44] LAURENTIN, op. cit., 130.
[45] SCHILLEBEECKX, Edward. *Maria, Mãe da Redenção*, 62.
[46] GARRIGOU-LAGRANGE, Réginald. *A mãe do Salvador e nossa vida interior*. Campinas, SP: Ecclesiae, 2017, 67.

do universo"[47]. A respeito da maternidade divina, inúmeros padres da patrística, autores eclesiásticos, doutores da Igreja, pontífices e concílios emitiram seus pareceres sobre o assunto, formularam sentenças e argumentos teológicos de alto nível. Podemos considerar que o Concílio de Éfeso deu o pontapé inicial para a sistematização da Teologia Marial, que se desenvolveu até o Vaticano II e continua se aperfeiçoando. Com relação ao mistério da maternidade divina, declarou a Constituição Dogmática *Lumen Gentium*:

> Predestinada desde a eternidade junto com a Encarnação do Verbo divino, como Mãe de Deus, por desígnio da Providência divina, a Bem-aventurada Virgem foi nesta terra a sublime mãe do Redentor, singularmente mais que os outros Sua generosa companheira e humilde serva do Senhor[48].

Em síntese, "todo o desenvolvimento do Dogma da Maternidade Divina é uma defesa das naturezas (humana e divina) de Cristo em uma única pessoa"[49]. Quando falamos de maternidade divina queremos dizer que, "Maria assume em si o Cristo total, verdadeiro Homem e verdadeiro Deus. Ela não assume uma afinidade só com a natureza humana, mas o assume por inteiro, e por isso a chamamos a Mãe do Deus Filho"[50]. Segundo Clodovis Boff: "A Maternidade divina de Maria constitui sua missão essencial na história da Salvação"[51]. Ainda, para ele, "o título de Mãe de Deus representa a dignidade máxima a que pode aspirar uma pessoa humana"[52].

A *Aeiparthenos* (Sempre virgem) foi a segunda definição dogmática atribuída a Maria. Desde os primórdios do Cristianismo se afirmou que Maria concebeu Jesus ainda virgem, como atestam as Escrituras: "No sexto mês, o anjo Gabriel foi enviado por Deus a uma cidade da Galileia, chamada Nazaré, a uma *virgem* desposada com um varão chamado José, da casa de Davi; e o nome da *virgem* era Maria" (Lc 1,26-27), ou ainda, "Sua mãe Maria, desposada com José, *antes de conviverem*, achou-se grávida pela ação do Espírito Santo" (Mt 1,18). Segundo o Pe. Rafael

[47] Ibid., 143.
[48] CONCÍLIO VATICANO II. *Lumen Gentium*. In: *Compêndio do Vaticano II*, 108.
[49] PINTO, Pe. Rafael Augusto Linhares. *Compêndio de Mariologia*, 220.
[50] Ibid., 241.
[51] BOFF, Clodovis. *Mariologia Social: O significado da Virgem para a sociedade*, 459.
[52] BOFF, Clodovis. *Mariologia Social: O significado da Virgem para a sociedade*, 466.

Linhares: "O termo grego *Aeiparthenos* traduz-se como Sempre Virgem, designa o privilégio de que Maria foi agraciada para manifestar a glória de Deus"[53].

A respeito da Virgindade de Maria, em uma breve análise exegética, da expressão *conhecer*, presente no Evangelho de Lucas (Lc 1,34). Podemos considerar o que ponderou Gianfranco Ravasi:

> Entre parênteses recordamos que, como se sabe, o verbo «conhecer» na linguagem bíblica indica a relação sexual; rigorosamente falando, a virgindade perpétua de Maria não é diretamente afirmada pelos evangelhos os quais pretendem sublinhar simplesmente que Cristo não nasce de sémen humano e sim de uma virgem. A questão dos «irmãos» de Jesus, como foi desde sempre sustentado, parece remeter-nos para o clã nazareno de Cristo, que teve certo relevo na história da Igreja das origens. Eis, pelo contrário, a curiosa argumentação adotada por João Crisóstomo para negar existência de irmãos de Jesus: 'Se José tivesse vivido em seguida com Maria como esposa efetiva, tendo assim filhos dela, por que razão é que Cristo no alto da cruz teria confiado a Sua mãe ao discípulo, dizendo-lhe para a receber em sua casa, como se ela não tivesse ninguém para cuidar dela?'[54]

Certamente, a Virgindade Perpétua é um dos mais polêmicos dogmas marianos, juntamente com o dogma da Imaculada Conceição. Trata-se de um tema complexo, que ainda gera inúmeras discussões entre os teólogos. Nosso objetivo é apenas apresentar, de modo breve, o caráter histórico da formulação do dogma, não se restringindo às dimensões dogmáticas que o envolvem, ou mesmo, atrever-se a questionar sua validade.

Segundo José García Paredes:

> A virgindade de Maria foi confessada de modos diferentes ao longo da tradição da Igreja. Nos três primeiros séculos a virgindade adquiriu uma posição de autêntica confissão cristológica: era a forma de confessar a maternidade transcendente de Maria por ser mãe do Filho de Deus. Posteriormente, a confissão de Maria "sempre virgem" adquiriu um matiz exemplar, moral. Foi se desprendendo da materni-

[53] PINTO, Pe. Rafael Augusto Linhares. *Compêndio de Mariologia*, 271.

[54] RAVASI, Gianfranco. *Os rostos de Maria na Bíblia*, 187.

dade, até o ponto de ser apresentada Maria como modelo da monja, do monge, nos quais se dá a virgindade sem maternidade ou paternidade[55].

A totalidade da sentença: "*Virginitas ante partum, in partu e post partum*"[56] foi assumida gradualmente pelos cristãos até o momento em que a Igreja deferiu um juízo sobre o assunto no Concílio de Calcedônia (451). Observou o Pe. Rafael Linhares que, "desde o início do século IV, aparecem, com diversas variações, as fórmulas tripartidas da virgindade de Maria antes, no e depois do parto"[57]. Em 374 d.C. Santo Epifânio, em seu segundo símbolo da fé, afirmou: "se encarnou, isto é, foi gerado perfeitamente de Santa Maria, a sempre virgem, por meio do Espírito Santo"[58]. Porém, já "no ano 390, o Sínodo de Milão, presidido por Ambrósio, e um Sínodo de Roma, sob o papa Sirício no ano de 393, propuseram oficialmente a *virginitas in partu* como doutrina de fé da Igreja"[59]. Para José García Paredes, "a crença na virgindade no parto tem sua base documental no Protoevangelho de Tiago"[60]. Segundo René Laurentin: "A partir do fim do século V, não encontramos mais vozes discordantes. A virgindade *in partu* é claramente afirmada pelas diversas liturgias, tanto gregas quanto latinas"[61].

Com relação à aceitação e antiguidade da doutrina da virgindade de Maria, encontramos uma antiga homilia do Padre capadócio, Gregório de Nissa (330-395) que no século IV escreveu:

> Aquilo que era prefigurado na chama e na sarça foi abertamente manifesto no mistério da Virgem. Tal como no monte a sarça ardia e não se consumia, assim a Virgem deu à luz e não se corrompeu. Não te pareça inconveniente a similitude da sarça, que prefigura o corpo da Virgem, a qual deu à luz Deus[62].

---

[55] PAREDES, José Cristo Rey García. *Mariologia: síntese bíblica, histórica e sistemática*, 221.
[56] "Virgem antes do parto, no parto e depois do parto" (*tradução nossa*).
[57] PINTO, op. cit., 256.
[58] OROZCO, Antonio. *Mãe de Deus e mãe nossa*, 66.
[59] PAREDES, José Cristo Rey García. *Mariologia: síntese bíblica, histórica e sistemática*, 229.
[60] Ibid., 242.
[61] LAURENTIN, René. *Breve Tratado de teologia mariana*, 144.
[62] NISSA, Gregório apud RAVASI, Gianfranco. *Os rostos de Maria na Bíblia*. São Paulo: Paulus, 2008, 33.

Nos primeiros séculos do cristianismo surgiram muitos comparativos da virgindade de Maria com a sarça ardente, pois "*rubum quem viderat Moyses incombustum conservatam agnovimus tuam virginitatem*"[63]. Os Santos Padres e os autores eclesiásticos dos primeiros séculos utilizaram diversas narrativas bíblicas como prefiguração ou analogia para comparativos de fatos ocorridos com Maria Santíssima. Gianfranco Ravasi comentando sobre as analogias feitas por Santo Efrém (306-373) sobre a Virgem e a sarça, declarou:

> Em um audacioso contraponto entre fogo e água, entre divindade e humanidade, entre luz divina e semente humana, Efrém faz luzir a virgindade de Maria como sede da manifestação de Deus. O seio de Maria é comparável à sarça à qual desce o fogo teofânico e na qual Deus se torna presente e palpável a Moisés[64].

As figuras de linguagem mariana, por analogias bíblicas, perduraram por séculos entre os autores cristãos e deram fundamento ao gênero *alegoria mariana*, ainda hoje muito presente em diversos Tratados de Teologia Marial. Nesta perspectiva das *alegorias marianas*, referindo-se à Virgindade Perpétua, podemos atribuir a Maria as palavras do Cântico dos cânticos: "*Hortus conclusus soror mea sponsa hortus conclusus fons signatus*"[65] (Ct 4,12). Maria se tornou o jardim de Deus, o paraíso da Trindade, o novo Éden: fechado e selado. Segundo Gianfranco Ravasi: "O *hortus conclusus* é, portanto, um espaço simbólico em que estão encerradas todas as virtudes de Maria, encarnadas pelas diversas essências, a partir da qualidade primeira, a da virgindade"[66].

Observou Clodovis Boff que "a expressão 'a Virgem' tornou-se cedo (desde o século II) o nome próprio de Maria, como foi o caso da designação 'Cristo' para Jesus"[67]. Em 521 d.C. temos a Carta *Inter ea quae*, destinada ao imperador Justino, que salientou: "[...] abrindo no nascimento o útero materno, mas sem desfazer, em virtude da divindade, a virgindade da mãe"[68]. Em 557 d.C. a Carta *Humani generis*, remetida ao rei Hildeber-

[63] "Na sarça que Moisés viu não se consumir, nós reconhecemos a tua permanente virgindade." RAVASI, Gianfranco. *Os rostos de Maria na Bíblia*, 33.

[64] RAVASI, Gianfranco. *Os rostos de Maria na Bíblia*, 34.

[65] "És um jardim fechado, minha irmã e minha esposa, um jardim selado, uma fonte selada."

[66] RAVASI, Gianfranco. *Os rostos de Maria na Bíblia*, 125.

[67] BOFF, Clodovis. *Dogmas marianos: síntese catequético-pastoral*, 23.

[68] DENZINGER, Heinrich. *Compêndio dos símbolos, definições e declarações de fé e moral*, 139.

to I, destacou: "conservada a integridade da virgindade materna, pois ela o gerou permanecendo virgem assim como virgem o havia concebido"[69]. Em 649 d.C., durante a 5ª Sessão do Sínodo de Latrão, foi proclamado:

> Cân. 3 Se alguém não professa, de acordo com os santos Padres, em sentido próprio e segundo a verdade, genitora de Deus a santa sempre virgem e imaculada Maria, já que ela, em sentido específico e verdadeiro, no fim dos séculos, sem sêmen, concebeu do Espírito Santo e sem corrupção gerou o próprio Deus Verbo, que antes de todos os séculos nasceu de Deus Pai, e que depois do parto permaneceu inviolada a sua virgindade, seja condenado[70].

O XVI Sínodo de Toledo, em 693 d.C., decretou: "De fato, como a virgem antes da concepção conservou o pudor da virgindade, assim depois do nascimento a sua integridade não sofreu corrupção; pois como virgem concebeu, como virgem deu à luz e depois do nascimento conservou, sem que nada se subtraísse, o pudor da incorrupção"[71]. A doutrina relativa à Virgindade Perpétua de Maria "foi definida como verdade de fé no Concílio de Calcedônia (451 d.C.) e no Constantinopolitano II (553 d.C.)"[72]. Em 1555, o papa Paulo IV publicou a Constituição *Cum quorumdam hominum* que advertiu e condenou àqueles que não acreditassem: "Que a beatíssima Virgem Maria não é verdadeira mãe de Deus nem permaneceu sempre na integridade virginal, a saber: antes do parto, no parto e perpetuamente depois do parto"[73]. Com relação às opiniões contrárias ao dogma da Virgindade Perpétua, advertiu-nos Clodovis Boff que, "na história da Igreja, o dogma da concepção virginal de Jesus por Maria recebeu apenas contestações marginais"[74].

Com relação à finalidade do dogma da Virgindade Perpétua, observou Daniela Del Gaudio: "Assim como pelo dogma da divina maternidade de Maria, também a virgindade de Maria é afirmada como uma realidade que diz respeito não somente à pessoa de Maria, mas, também e especialmente, à de Jesus"[75]. Asseverou García Paredes: "Virgindade e ma-

[69] Ibid., 161.
[70] Ibid., 182.
[71] Ibid., 211.
[72] DEL GAUDIO, Daniela. *Maria de Nazaré: breve tratado de mariologia*, 97.
[73] DENZINGER, Heinrich. *Compêndio dos símbolos, definições e declarações de fé e moral*, 468.
[74] BOFF, Clodovis. *Dogmas marianos: síntese catequético-pastoral*, 476.
[75] DEL GAUDIO, Daniela. *Maria de Nazaré: breve tratado de mariologia*, 2016, 96.

ternidade não são, em Maria, duas realidades separadas, embora com o tempo tenham se separado. Em Maria, a virgindade é maternal e a maternidade é virginal. São duas realidades mutuamente referidas"[76]. Apesar das polêmicas relativas ao tema, consideramos que "Jesus é aquele que consagra a virgindade de Maria. Não o que a diminui ou destrói"[77], ou como observou a Constituição *Lumen Gentium*: "Seu Filho primogênito, que não lhe violou, mas consagrou sua integridade virginal"[78].

Não podemos mensurar a dimensão do *mistério* da encarnação do Verbo. Para René Laurentin:

> Ao se encarnar, Deus não aboliu a carne, mas lhe trouxe o penhor de sua renovação escatológica. Assim Maria se encontrou livre da servidão expressa na Gn 3,16 ("tu darás à luz na dor") e sua virgindade permanece intacta. O alcance desta descoberta é a justa percepção do que é a "nova criação" prometida pelos profetas, e o "novo nascimento" que a inaugura: O nascimento de Cristo é a manifestação do nascimento eterno, o modelo e o penhor do nascimento batismal; ele participa da condição destes dois nascimentos, dos quais é o sinal cósmico[79].

Segundo Clodovis Boff, "A fé na virgindade de Maria garante a fé na divindade de Jesus (já que a maternidade garante a fé na humanidade de Cristo). Em termos existenciais, a Virgem é sinal de que o Messias não é criação da potência humana, mas do poder do Altíssimo"[80]. Trata-se de algo que rompe a inteligência humana e não nos permite emitir um juízo científico sobre o fato. O máximo que podemos fazer é descrevê-lo de modo limitado; faltam-nos elementos para mensurar o *mistério* que o envolve. Sobre a finalidade do dogma, assevera o Pe. Rafael Linhares: "Maria é proclamada Virgem antes do Parto, para dizer que o fruto do ventre dela é obra de Deus; no Parto, para dizer que aquele que nasceu é Deus, pois não corrompeu a Virgem Mãe; e depois do parto, para dizer que Ele é o primogênito não só do Pai, mas também da Mãe"[81]. Podemos

[76] PAREDES, José Cristo Rey García. *Mariologia: síntese bíblica, histórica e sistemática*, 221.
[77] Ibid., 232.
[78] CONCÍLIO VATICANO II. *Lumen Gentium*. In: *Compêndio do Vaticano II*, 106.
[79] LAURENTIN, René. *Breve Tratado de teologia mariana*, 56.
[80] BOFF, op. cit., 29.
[81] PINTO, Pe. Rafael Augusto Linhares. *Compêndio de Mariologia*, 261.

aqui perceber toda a extensão da dimensão cristológica do dogma, que está em sua totalidade às voltas da pessoa de Jesus Cristo.

Além das dimensões teológicas do dogma da Virgindade Perpétua, não podemos descartar a dimensão antropológica dele, pois "a virgindade de Maria possuiu um sentido antropológico importante, e nos mostra o valor da pureza de corpo, tendo em vista a capacidade do ser humano de preservar-se em sua integridade e gerar um maior amadurecimento afetivo e uma consciência elevada da dignidade da pessoa humana"[82]. Trata-se também de um sinal escatológico: "A virgindade de Maria é também um grande sinal escatológico, uma vez que ela deseja, por livre vontade, consagrar sua virgindade a Deus. [...] Assim, percebemos que a virgindade consagrada de Maria é já um sinal presente de uma unidade plena futura com o próprio Deus"[83]. A dimensão exegética nos permite asseverar que "na Bíblia a virgindade só tinha valor em função do casamento. Uma virgem que se mantivesse sempre virgem era como uma mulher estéril e, portanto, objeto de desprezo"[84]. Porém no Cristianismo essa concepção cultural-moral foi tomada de modo diferente e houve, já nos primórdios da Igreja, uma valorização da virgindade como sinal de uma entrega total a Deus.

O dogma da Virgindade Perpétua de Maria realça o modo sobrenatural da concepção de Jesus. Esse dogma pertence à ordem do *mistério*. Apesar dos limites no aprofundamento do dogma da Virgindade Perpétua é relevante considerarmos que "A virgindade de Maria, no que se refere à preservação de sua pureza, é um grande sinal de maturidade afetiva, em que ela, pura de Corpo, Alma e Espírito, pôde abrir-se a uma grande obra de alteridade, sendo capaz de manifestar em si um grande abandono"[85]. A virgindade de Maria nos inspira à fidelidade e nos permite uma releitura dos valores morais cristãos, em um mundo secularizado, erotizado e permissivo. Como bem salientou Frei Clodovis: "Ora, Maria, a Virgem por antonomásia, é disso tudo o símbolo mais elevado e ao mesmo tempo o mais concreto"[86].

---

[82] Ibid., 292.
[83] Ibid., 293.
[84] BOFF, Clodovis. *Dogmas marianos: síntese catequético-pastoral*, 484.
[85] PINTO, op. cit., 300.
[86] BOFF, op. cit., 494.

1.2. Da Terra ao Céu: o Dogma da Imaculada Conceição (1854) e o Dogma da Assunção (1950)

Segundo o Frei Constantino Koser: "A Maternidade Divina de Maria Santíssima é tão fundamental que, sem ela, não existiria um tratado sobre Nossa Senhora na Teologia"[87]. Esse dogma respalda os demais dogmas marianos. Os méritos da maternidade divina preconizam e prefiguram os motivos que levaram a Trindade a concebê-la imaculada, consagrá-la em sua virgindade e, ao final de sua peregrinação terrestre, assumi-la. Segundo o Doutor Angélico: "A bem-aventurada Virgem Maria, pelo fato de ser Mãe de Deus, tem do bem infinito, que é Deus, certa dignidade infinita"[88]. Após séculos sem uma proclamação dogmática mariana, no segundo milênio, em um curto espaço de tempo, foram proclamados os dois últimos dogmas marianos. Os anteriores – maternidade e virgindade – foram definidos em proclamações dogmáticas conciliares. Porém os últimos – imaculada e assunção – foram definições pontifícias em *ex cathedra*[89].

Tratando a respeito dos textos bíblicos que fundamentam o dogma da Imaculada Conceição, observou o papa Bento XVI:

> O fundamento bíblico deste dogma encontra-se nas palavras que o Anjo dirigiu à jovem de Nazaré: "Ave, cheia de graça, o Senhor é contigo" (Lc 1,28). "Cheia de graça" no original grego *kecharitoméne* é o nome mais bonito de Maria, nome que lhe foi dado pelo próprio Deus, para indicar que ela é, desde sempre e para sempre, a amada, a eleita, a predestinada para acolher o dom mais precioso, Jesus, "o amor encarnado de Deus"[90].

Com relação à palavra *Kecharitoméne*, destacou René Laurentin:

> Esta palavra é intraduzível, o que nos obriga a recorrer a uma perífrase: "aquela que é objeto do favor de Deus". O particípio do passado

---

[87] KOSER, Frei Constantino. O Constitutivo Metafísico da Maternidade Divina de Maria Santíssima. In: *REB*, v. 14, fasc. 2, (1954), 285.

[88] AQUINO, Tomás de. Suma teológica III. Vol. 1. Campinas, SP: Editoras Permanência & Ecclesiae, 2017, q. 25, a 6 ad 4, 211.

[89] Definição proferida pelo papa, que tem sua fundamentação no Concílio Vaticano I (1869-1870), que definiu a infalibilidade papal. Trata-se de um *recurso* em que o Romano Pontífice tem autoridade em assuntos doutrinais.

[90] OROZCO, Antonio. *Mãe de Deus e mãe nossa*, 34.

perfeito do grego insinua que se trata de um favor estável, definitivo. E, principalmente, essa denominação lhe é dada do alto, é o verdadeiro nome de Maria diante de Deus. O "Objetivo-do-favor" por antonomásia, diriam os manuais de retórica, ou, mais simplesmente, por excelência[91].

Ainda sobre o termo *Kecharitoméne*, salientou José García Paredes:

> Com esse apelativo de "agraciada", Maria salienta-se de modo peculiar na comunidade eclesial, convocada, justificada, mantida unicamente por graça, não pelas obras. O nome de graça vai acompanhado por uma frase singular: "O Senhor está contigo". De grandes personagens se dizia em Israel que "o Senhor estava com eles" (Jacó, José, Moisés, Josué, Gedeão, Saul, Davi, Jeremias); só assim poderiam realizar a grande missão que lhes havia sido confiada. O Senhor seria sua força. Ao dizer-lhe "o Senhor está contigo", o mensageiro situa Maria entre os grandes salvadores de Israel[92].

As discussões às voltas da doutrina da Imaculada Conceição de Maria, ou seja, seu nascimento prodigioso, no qual ela foi prevenida do *pecado original*, pertence aos primórdios do Cristianismo. Porém sua fase mais acirrada foi no período medieval, quando uma épica *cruzada* teológica foi convocada entre *maculistas* versus *imaculistas*. A polêmica vinha desde o período patrístico e perdurou até a Idade Média, sem possível solução. O embate perdurou até que os pontífices deram um basta a essa *cruzada* e buscaram bani-la. O dogma da Imaculada Conceição de Maria (1854) tem sua fundamentação na doutrina agostiniana do pecado original.

Há séculos, as Igrejas do Oriente já a reconheciam como a *Panaghia*[93], a Toda Santa ou Santíssima. Esse fato não pode ser desprezado devido a seu valor histórico, como observou José García Paredes: "a Igreja do Oriente instaurou, desde o fim do século VII, a festa da concepção da Virgem, depois de celebrar a festa da anunciação e concepção de Jesus e de João Batista. Maria era celebrada como a *Panaghia*, a Toda Santa, a mulher na qual não houve o menor rastro de pecado"[94]. Salientou ainda

[91] LAURENTIN, René. *Breve Tratado de teologia mariana*, 27.
[92] PAREDES, José Cristo Rey García. *Mariologia: síntese bíblica, histórica e sistemática*, 89.
[93] Cf. Ibid., 247.
[94] Ibid.

que "a linguagem litúrgica do Oriente era supercelebrativa. Não buscava a precisão de um enunciado teológico nem a concisão de um dogma pontifício"[95]. A celebração litúrgica da Imaculada Conceição no Ocidente "começou na Inglaterra durante um curto período de tempo, primeiro de 1060 a 1066, e depois a partir de 1127. O objetivo da festa não estava claramente determinado: pensava-se, sobretudo, na santificação de Maria no seio de Ana"[96]. Foi somente a partir do século XV que a Igreja de Roma adotou essa festa[97].

As Igrejas Orientais "não incluíam a isenção da Theotókos do pecado original, visto que a teoria do pecado original não existia entre eles. Afirmavam unicamente a santidade perfeita de Maria desde a origem"[98]. Já "no Ocidente o tema da santidade de Maria foi abordado em uma perspectiva diferente: a isenção de todo pecado, até do pecado original"[99]. A *santidade* de Maria e sua concepção *miraculosa* provêm do "*sensus fidelium*" que, com o passar do tempo, foi sendo aprimorado e inserido em outros tratados da teologia. A teologia do pecado original de Santo Agostinho (354-430) contribuiu para o desenvolvimento da doutrina da Imaculada Conceição. Contudo não faltaram opositores a essa doutrina, como Fulgêncio de Ruspe (460-533), que escreveu: "A carne de Maria foi certamente carne de pecado, e gerou o Filho de Deus em semelhança de carne de pecado"[100]. O primeiro tratado sobre a Imaculada Conceição foi composto por Raimundo Lúcio (†1315), em Paris, no ano de 1298[101]. Recordamos que "Bernardo de Claraval e Tomás de Aquino mostraram suas reservas à doutrina da Imaculada Conceição, porque não queriam questionar o princípio da necessidade da redenção de todos os seres humanos"[102].

A doutrina da Imaculada Conceição obteve significativo respaldo com o teólogo franciscano João Duns Scotus (1266-1308), renomado filósofo e teólogo escolástico, que recebeu a alcunha de *Doctor Sutibilis* (Doutor Sutil). Tendo sido convocado para escrever um comentário às sentenças de Pedro Lombardo, ele se viu interpelado pela questão:

[95] Ibid., 248.
[96] Ibid.
[97] Cf. Ibid.
[98] Ibid., 251.
[99] Ibid.
[100] PAREDES, José Cristo Rey García. *Mariologia: síntese bíblica, histórica e sistemática*, 252.
[101] Cf. Ibid., 253.
[102] PINTO, Pe. Rafael Augusto Linhares. *Compêndio de Mariologia*, 308.

"*Utrum beata Virgo fuerit concepta in originali peccato*"[103]. Para ele "ao constituir-se sua pessoa, estava já em graça original. Já no primeiro instante de sua concepção, Maria recebeu a plenitude total da graça, porque foi a mais perfeita redimida pelo mais perfeito redentor. Foi redimida sendo preservada"[104]. Duns Scotus e os frades franciscanos (imaculistas) enfrentaram acirrados embates teológicos com os frades dominicanos (maculistas) que se opuseram à doutrina da Imaculada Conceição. Para sanar tal disputa foi necessária uma intervenção pontifícia, com a criação de uma comissão para verificação dos argumentos a serem apresentados pelas duas correntes. Após as explanações venceram, pela clareza de seus argumentos, os franciscanos. Em sua preleção Scotus apresentou a máxima: "*Potuit, decuit ergo fecit*"[105]. Apesar de ser um argumento de conveniência, ele possui relevância para a teologia, que o imortalizou.

No século XV o papa Sisto IV, entre os anos 1476 e 1483, aprovou a festa e o ofício da Imaculada Conceição. Segundo José García Paredes "nos séculos XV e XVI continuaram as lutas entre os - assim chamados - maculistas e imaculistas. Nos séculos XVII-XVIII nem se condenou nem se afirmou a doutrina imaculista"[106]. Os pontífices estiveram atentos a essas disputas, conservando a reserva de não tomarem partido. Porém o papa Alexandre VII (1599-1667), em 8 de dezembro de 1661, com o Breve *Sollicitudo omnium ecclesiarum*, declarou: "Renovamos os [decretos] promulgados em favor da sentença que afirma que a alma da bem-aventurada Virgem Maria em sua criação e infusão no corpo foi dotada do dom do Espírito Santo e preservada do pecado original"[107]. Esse documento fortaleceu a doutrina imaculista e foi um passo significativo em direção à posterior proclamação do dogma no século XIX. Em 1708, o papa Clemente XI estendeu a festa da Imaculada como festa de preceito para toda a Igreja.

O papa Pio IX (1792-1878), com a Encíclica *Ubi primum* (1849), realizou uma consulta solicitando a opinião dos bispos do *orbe* católico sobre a definibilidade do dogma da Imaculada[108], obtendo um parecer positi-

---

[103] "Se a Santíssima Virgem foi concebida em pecado original?" (*tradução nossa*).
[104] PAREDES, op. cit., 254.
[105] "Podia fazê-lo, convinha que o fizesse, portanto o fez" (*tradução nossa*).
[106] PAREDES, op. cit., 255.
[107] DENZINGER, Heinrich. *Compêndio dos símbolos, definições e declarações de fé e moral*, 490.
[108] Cf. BOFF, Clodovis. *Mariologia Social: O significado da Virgem para a sociedade*, 499.

vo. Em 8 de dezembro de 1854, com a Bula *Ineffabilis Deus*, definiu dogmaticamente a Imaculada Conceição de Maria, com os seguintes termos:

> Com a autoridade de Nosso Senhor Jesus Cristo, dos bem-aventurados Apóstolos Pedro e Paulo, e com a Nossa, declaramos, pronunciamos e definimos: – A doutrina que sustenta que a beatíssima Virgem Maria, no primeiro instante de sua conceição, por singular graça e privilégio do Deus onipotente, em vista dos méritos de Jesus Cristo, Salvador do gênero humano, foi preservada imune de toda mancha da culpa original, é revelada por Deus e por isso deve ser crida firme e constantemente por todos os fiéis[109].

Em 1904 o papa Pio X (1835-1914) publicou a Encíclica *Ad diem illum* comemorando o cinquentenário da proclamação do dogma da Imaculada. Em 1953 o papa Pio XII (1876-1958) publicou a Encíclica *Fulgens Corona* em comemoração ao 1º centenário da proclamação do dogma. Na ocasião, ele convocou, para o ano de 1954, um Ano Mariano. O Concílio Vaticano II, ao se referir à Imaculada, declarou na Constituição *Lumen Gentium*: "Dotada desde o primeiro instante de sua conceição dos esplendores de sua santidade inteiramente singular, a Virgem de Nazaré é, por ordem de Deus, saudada pelo Anjo anunciador como 'cheia de graça'"[110].

Mais do que afirmar que Maria foi preservada do *pecado original* é relevante constatar que Maria foi criada na *graça original*. Portanto foi redimida preventivamente. Segundo Frei Clodovis: "A Imaculada nos ensina que sua beleza está em sua fé e em seu amor, em sua coragem e em sua fidelidade"[111]. Nós "nunca podemos perder de vista que a Virgem foi, é e será sempre criatura"[112]. Maria é também mulher do 6º dia, pois participa da realidade humana como criatura e pertence à descendência adâmica em sua condição natural. Mesmo tendo uma concepção imaculada, precisou se desenvolver em sua condição humana e foi necessário crescer na ordem da graça. Constatou Edward Schillebeeckx: "ausência de pecado original em Maria não a subtrai da redenção"[113]. Observou o Pe. Garrigou-Lagrange que "essa preservação do pecado, longe de dimi-

---

109 DENZINGER, op. cit., 615.
110 CONCÍLIO VATICANO II. *Lumen Gentium*. In: *Compêndio do Vaticano II*, 105.
111 BOFF, op. cit., 516.
112 OROZCO, Antonio. *Mãe de Deus e mãe nossa*, 56.
113 SCHILLEBEECKX, Edward. *Maria, Mãe da Redenção*, 1968, 40.

nuir a liberdade ou o livre-arbítrio de Maria, fazia com que ela tivesse plena liberdade na ordem do bem"[114]. Segundo Daniela Del Gaudio: "O dogma da Imaculada Conceição nos projeta rumo ao nosso futuro escatológico, como indivíduos e como comunidade"[115].

"Da Terra ao Céu" pode ser considerada uma expressão poética para significar o destino final da bem-aventurada Virgem Maria, o *transitus Mariae*. Diferente dos dogmas marianos anteriores, o dogma da Assunção de Maria ao Céu não encontra nas Escrituras sua fundamentação, mas na Tradição da Igreja, que desde os primórdios crê que a Virgem foi *assumida* no céu pela Trindade. Com relação ao fim da peregrinação terrestre de Maria, observou René Laurentin: "Seu fim é cheio de mistério, como já observava Santo Epifânio. E os gregos usavam fórmulas veladas para exprimir este mistério: eles denominavam 'sono' (koimesis, dormitio) ou 'passagem' (metástasis, transitus), essa transição pela qual a Mãe de Deus passa da vida terrestre à vida celeste"[116]. Destacou Orozco que "a palavra 'assunção' tem um significado exclusivamente passivo e é usada só para Maria, que é a *assunta*, ou seja, 'a que foi elevada ao Céu'"[117].

Assegura-nos Laurentin que, antes de 377 d.C., "Santo Epifânio, bispo de Salamina, foi o primeiro a levantar a questão sobre o fim do destino terrestre de Maria. Ele o fez de modo completamente ocasional, na famosa carta aos cristãos da Arábia"[118]. Santo Epifânio se interrogou como terminou a vida terrestre de Maria. Assim asseverou René Laurentin que, "a partir do fim do século V, começaram a circular piedosas narrativas destinadas a satisfazer a curiosidade popular que cada um fantasia à sua maneira"[119]. Na obra *Panarion*, Epifânio de Salamina constatou: "Nem se ela morreu, nem se foi sepultada ou se não foi... A Escritura conservou um absoluto silêncio por causa da grandeza do privilégio, para não ferir com excessiva admiração o espírito dos homens. No que me diz respeito, não me atrevo a falar"[120].

---

[114] GARRIGOU-LAGRANGE, Réginald. *A mãe do Salvador e nossa vida interior*, 55.
[115] DEL GAUDIO, Daniela. *Maria de Nazaré: breve tratado de mariologia*, 82.
[116] LAURENTIN, René. *Breve Tratado de teologia mariana*, 158.
[117] OROZCO, Antonio. *Mãe de Deus e mãe nossa*, 94.
[118] LAURENTIN, op. cit., 58.
[119] Ibid., 64.
[120] PAREDES, José Cristo Rey García. *Mariologia: síntese bíblica, histórica e sistemática*, 257.

Segundo José García Paredes:

> Praticamente desde o século VII a assunção de Maria em corpo e alma ao céu foi acreditada, tanto na Igreja do Oriente quanto na do Ocidente. Já no século VI se introduziu a festa do Trânsito, Dormição ou Assunção de Maria, ou seu *dies natalis*; celebrava-se a 15 de agosto. [..] Em torno do ano 650 introduziu-se no Ocidente a festa da Dormição ou *Pausatio* (repouso na sepultura) de Maria[121].

Trata-se de um questionamento antigo na Igreja. No século VI, surgiram diversas narrativas apócrifas a respeito da *morte* de Maria: "as primeiras menções sobre a assunção de Maria encontram-se nos evangelhos apócrifos do fim do século IV até o século VI. Narrações legendárias narram como foi a morte de Maria e mais tarde sua assunção"[122]. Entre os autores eclesiásticos destacam-se três pregadores da Assunção de Maria: Germano de Constantinopla (†733), André de Creta (†740) e João Damasceno (†749)[123].

Por um longo espaço de tempo, a questão da Assunção permaneceu no ostracismo. Os teólogos dedicaram-se a outros temas e a Assunção foi resguardada pelo *sensus fidelium*. Demorou muito tempo até que alguém formulasse um pedido para a sistematização desta doutrina. O desejo do dogma surgiu de "um teólogo dos Servos de Maria, Cesário Sghuanin, que pediu pela primeira vez a definição dogmática da Assunção. Depois houve outras petições. Entre elas, a de Isabel II da Espanha no ano de 1863"[124]. José García Paredes observou que "entre os anos 1921 e 1940 chegaram à Sé Romana petições de mais de mil bispos residenciais, sem contar as numerosas congregações religiosas, congressos marianos, inúmeros fiéis de todo o mundo"[125]. Não podemos nos esquecer que não faltaram também opositores a essa doutrina e mesmo à possibilidade de um dogma, "houve [sic] teólogos católicos que se opuseram à definição do dogma por não encontrarem motivações bíblicas, históricas ou teológicas para isso, como dois teólogos de Munich, I. Döllinger e J. Ernst"[126].

---

[121] PAREDES, José Cristo Rey García. *Mariologia: síntese bíblica, histórica e sistemática*, 256.
[122] Ibid., 258.
[123] Cf. Ibid., 264.
[124] Ibid., 267.
[125] Ibid.
[126] Ibid.

No início do século XX o Movimento *Assuncionístico* ganhou muita força junto aos Congressos Marianos Internacionais. Diversos grupos enviavam à Santa Sé petições para a proclamação do dogma da Assunção. Ouvindo os clamores populares e imbuído de um sentimento mariano o papa Pio XII, em 1946, enviou ao episcopado a Encíclica *Deiparae Virginis Mariae*, consultando-o a respeito da proposta de definição do dogma da Assunção, obtendo parecer positivo[127]. Em 1º de novembro de 1950 ele proclamou a definição dogmática da Assunção de Maria ao Céu, com os seguintes termos:

> Pelo que, depois de termos dirigido a Deus repetidas súplicas, e de termos invocado a paz do Espírito de verdade, para glória do Deus onipotente, que prodigou sua peculiar benevolência à Virgem Maria, para honra de seu Filho, Rei imortal dos séculos e vencedor do pecado e da morte, para aumento da glória de sua augusta mãe, e para gáudio e exultação de toda a Igreja, com a autoridade de Nosso Senhor Jesus Cristo, dos bem-aventurados Apóstolos Pedro e Paulo e a Nossa, proclamamos, declaramos e definimos ser dogma divinamente revelado que: a imaculada Mãe de Deus, a sempre virgem Maria, terminado o curso da vida terrestre, foi assunta em corpo e alma à glória celestial[128].

Segundo René Laurentin, "ao definir o dogma da Assunção, Pio XII desejou propor solenemente para a Igreja, sacudida pela adversidade e mergulhada na tormenta, um penhor de esperança"[129]. Para José García Paredes, "O dogma da Assunção estava estreitamente vinculado ao dogma da Imaculada. Ambos eram parte de um mesmo esquema e mesmas perspectivas. Trata-se na realidade de um só dogma com dois rostos ou perspectivas: a protologia e a utopia, a origem e o fim"[130]. Observou Frei Clodovis Boff que "a assunção é um protesto contra todos os ataques à vida humana, como a guerra e a fome"[131].

O Concílio Vaticano II reafirmou a proposição dogmática na *Lumen Gentium* nos nn. 59 e 68. Comentou a Exortação Apostólica *Marialis Cultus*: "A solenidade de 15 de agosto celebra a gloriosa Assunção de Maria

---

[127] Cf. BOFF, Clodovis. *Dogmas marianos: síntese catequético-pastoral*, 45.
[128] DENZINGER, Heinrich. *Compêndio dos símbolos, definições e declarações de fé e moral*, 866.
[129] LAURENTIN, René. *Breve Tratado de teologia mariana*, 167.
[130] PAREDES, José Cristo Rey García. *Mariologia: síntese bíblica, histórica e sistemática*, 270.
[131] BOFF, op. cit., 54.

ao céu; festa de seu destino de plenitude e de bem-aventurança, da glorificação de sua alma imaculada e de seu corpo virginal, de sua perfeita configuração com Cristo Ressuscitado"[132]. O n. 298 do documento de Puebla ratificou: "No corpo glorioso de Maria começa a criação material a ter parte no corpo ressuscitado de Cristo"[133]. Asseverou Frei Clodovis que "a glorificação de Maria em alma e corpo é a exaltação da matéria e da terra integradas no plano da salvação"[134]. A consumação do reconhecimento dos predicados marianos ocorreu em 1954, com a publicação da Encíclica *Ad caeli Reginam*, na qual o papa Pio XII promulgou a doutrina relativa à Realeza de Maria[135].

[132] PAULO VI. *Exortação Apostólica Marialis cultus*, n. 6, 3.
[133] BOFF, op. cit., 54.
[134] Ibid.
[135] Cf. PIO XII. *Carta Encíclica Ad caeli Reginam*. Vaticano, 1954.

III

SANTO AFONSO MARIA DE LIGÓRIO E A DOUTRINA DA IMACULADA CONCEIÇÃO

Abordaremos neste capítulo os aportes teológicos e os contributos mariológicos outorgados por Sto. Afonso Maria de Ligório à doutrina da Imaculada Conceição, no período do século XVIII. No desenvolvimento de nossa exposição, cremos ser relevante apresentar um itinerário histórico do autor em questão, ressaltando os dados biográficos que mais se destacaram ao longo de sua longeva vida. A literatura alfonsiana é extensa e emissária de uma refinada Teologia, que buscou abordar as várias áreas da Sistemática, Sto. Afonso foi um escritor *sui generis*. Queremos aqui salientar que "na teologia espiritual de Santo Afonso, Maria é a pessoa amorosa. Nela nós encontramos a expressão bela e profunda do amor de Deus"[1]. Em sua vasta literatura, Afonso compreendeu que *De Maria nunquam satis*![2] Sto. Afonso foi partícipe de um triplo *movimento* imaculista: o voto de sangue, o juramento de defesa da doutrina e os escritos apologéticos. Essa tríade é a sua característica na defesa da doutrina da Imaculada Conceição.

---

[1] BISINOTO, Eugênio Antônio. *Mãe do Belo Amor: introdução à mariologia de Santo Afonso de Ligório*. Aparecida, SP: Editora Santuário, 2017, 57.

[2] "De Maria nunca se diz o suficiente" (*tradução nossa*).

Cremos que, em se tratando de um Santo e Doutor da Igreja, seus ensinamentos são carregados da mais profunda Teologia, com destaque para as áreas da Mariologia e da Espiritualidade. Desde muito cedo, Santo Afonso se despontou como um intelectual quando, ainda em sua juventude, distinguiu-se por sua capacidade intelectiva e na maturidade por sua erudição. Santo Afonso conseguiu uma proeza: reunir Fé e Razão em seu discurso ao longo de todo o seu apostolado, utilizando todo o conhecimento para a instrução cristã e a edificação das pessoas mais simples: "Para alimentar a vida cristã entre o povo, Afonso escreveu mais de cem livros, principalmente de teologia moral e de espiritualidade, ciências em que é considerado mestre"[3].

No campo da Teologia Marial, Sto. Afonso se despontou como um dos três tenores da Mariologia. Trata-se de três autores marianos que receberam a alcunha de tenores da Mariologia, devido ao fato de terem *cantado* as glórias de Maria de modo uníssono, cada um com seu estilo muito próprio. São eles: Sto. Afonso de Ligório, São Bernardo de Claraval (1090-1153) e São Luís Maria Grignion de Montfort (1673-1716). São Bernardo e Sto. Afonso são Doutores da Igreja por sua reta doutrina e ensinamento espiritual. São Luís de Montfort se consagrou na Mariologia por seu *Tratado da verdadeira devoção à Santíssima Virgem Maria* (1843). Os três foram escritores e deixaram para a Igreja um riquíssimo legado literário, narrando os predicados da Bem-aventurada Virgem Maria.

Em pleno século jansenista (séc. XVIII), em 1750, Sto. Afonso lançou sua obra marial *As Glórias de Maria Santíssima*, que foi um brado anti-jansenista. O livro *As Glórias de Maria Santíssima* foi um eco fidelíssimo da doutrina da Imaculada Conceição. Ali explanou a defesa de suas sentenças e assegurou à Mariologia, alicerce que superasse o rigorismo jansenista: "Santo Afonso legou à posteridade a famosa obra mariana 'Glórias de Maria', sendo uma verdadeira pérola de Mariologia"[4]. Segundo Bisinoto: "A Mariologia de Santo Afonso faz parte integrante de sua espiritualidade. Em sua visão teológica e cristã, Maria aparece inserida em sua proposta espiritual"[5]. A respeito das práticas devocionais marianas, observou o Pe. Berthe: "Santo Afonso tinha uma confiança ilimi-

[3] BISINOTO, Eugênio Antônio. *Mãe do Belo Amor: introdução à mariologia de Santo Afonso de Ligório*, 17.
[4] Ibid., 19.
[5] Ibid., 53.

tada em Maria e o mais vivo desejo de inspirar a todos essa confiança. Recomendava a visita às imagens da Madonna, a recitação do terço, o jejum em sua honra aos sábados e na vigília de suas festas"[6]. Recordou Domenico Capone: "Nel 1769 S. Alfonso ritornava sulla dottrina della concezione immacolata della Madonna, nella sua *Opera contra gli eretici, pretesi riformati*. Ne aveva l'occasione col comento al decreto del Concilio di Trento sull'universalità del peccato originale"[7].

Na Mariologia alfonsiana: "Maria é a forma perfeita de viver alegre e fielmente o Evangelho do Redentor. A humildade, a caridade, a fé, a esperança são virtudes características da seguidora de Cristo"[8]. Com relação à obra marial de Sto. Afonso, podemos considerar que ela "expõe as bases teóricas do culto marial: maternidade de Nossa Senhora; duas teses de teologia, sobre corredenção da Virgem Maria e sua mediação universal"[9]. Em pleno século XVIII, Sto. Afonso "foi um dos que encontraram uma saída mais adequada para a crise marial. Em vez de negar ou reduzir o papel de Maria na teologia e na conduta dos cristãos, ele o restaurou, apresentando argumentos sólidos e propondo a autêntica piedade mariana"[10]. Sto. Afonso deixou para a Igreja uma notória obra literária que atravessou os umbrais dos séculos XIX e XX, sendo ainda hoje muito atual, de modo que podemos considerar que "sua mariologia está associada à cristologia que ele apresenta em seus escritos"[11]. Ele foi convicto da doutrina da Imaculada Conceição. Em diversos momentos e das mais variadas formas, ele buscou reforçar essa convicção, defendendo as sentenças imaculistas. Os diversos contributos alfonsianos à doutrina imaculista se deram, pois, "o culto da Imaculada Conceição marcou a vida de Santo Afonso, desde sua experiência familiar até sua missão sacerdotal. Ele era um apaixonado pela Imaculada Conceição"[12].

[6] BERTHE, Pe. Agostinho. *Santo Afonso Maria de Ligório*, 622.
[7] "Em 1769, S. Afonso voltou à doutrina da concepção imaculada de Nossa Senhora, em sua obra *Contra os hereges, reivindicações reformadas*. Ele teve a oportunidade com o comentário ao decreto do Concílio de Trento sobre a universalidade do pecado original". CAPONE, Domenico. La dottrina di S. Alfonso sulla concezione immacolata di Maria SS.ma. In: *Spicilegium Historicum Congregationis SSmi Redemptoris*, annus III, (1955), 104. (*tradução nossa*).
[8] BISINOTO, Eugênio Antônio. *Mãe do Belo Amor: introdução à mariologia de Santo Afonso de Ligório*, 58.
[9] Ibid., 74.
[10] Ibid., 92-93.
[11] Ibid., 77.
[12] Ibid., 99.

1. Da nobreza napolitana aos altares de Roma

Gostaríamos de apresentar a vasta biografia de Afonso Maria Antônio João Francisco Cosme Damião Miguel Ângelo Gaspar de Ligório, nascido em 27 de setembro de 1696, em Nápoles (Itália), filho do casal Dom José Felice de Ligório (1670-1745), oficial da Marinha Real e membro da nobreza napolitana, e da senhora Ana Catarina Cavalieri (1670-1755), descendente da alta nobreza espanhola. Sto. Afonso, "pertencente a uma família napolitana nobre e rica"[13], ponderou o papa Bento XVI. "Os Ligório [sic] pertenciam à nobreza citadina, que administrava a cidade por direito hereditário"[14], destacou um de seus biógrafos. "Os Ligório e os Cavalieri pertencem a uma elite que recusa o ócio faustoso"[15], considerou outro biógrafo. Sto. Afonso, cumprindo os requisitos para a preparação de um nobre de sua época, recebeu esmerada instrução aristocrática, tornando-se "dotado de acentuadas qualidades intelectuais"[16]. Durante a juventude, recebeu esmerada formação musical do célebre compositor napolitano Gaetano Greco (1657-1728). Aos 12 anos havia se tornado um pequeno *virtuose*. No período escolar, Sto. Afonso obteve instrução regular de Francês, Espanhol, Latim e Grego antigo. Foi em casa que ele recebeu de seus pais uma sólida formação religiosa, contributo que lhe propiciou, ao longo de toda a sua vida, cultivar a piedade e a devoção. Segundo Chiovaro: "Dona Ana não delegou a ninguém a educação de Afonsinho, como muitas vezes faziam as grandes damas do 'Settecento'. Entre seus braços e sobre seus joelhos, Afonso aprendeu, sobretudo, a rezar"[17]. A figura da mãe foi recordada por ele ao longo de toda a sua vida.

Certamente, uma vida marcada pelo brilhantismo de um homem que buscou se capacitar e se formar com a polidez e o requinte da aristocracia do século XVIII. Segundo Chiovaro: "A formação do nobre perfeito do 'Settecento' não se limitava à cultura livresca [...] Uma coisa, porém, era indispensável: um nobre devia ter uma educação requintada de modo a poder brilhar entre os seus pares e na Corte Real"[18]. Ao longo de sua

---

[13] BENTO XVI. *Doutores da Igreja: coleção catequeses do papa*. São Paulo: Paulus, 2012, 49-55.

[14] CHIOVARO, Francesco. *Santo Afonso: no tricentenário de seu nascimento: 1696-1996*. Aparecida, SP: Editora Santuário, 1996, 11.

[15] REY-MERMET, Théodule. *Afonso de Ligório, uma opção pelos abandonados*. Aparecida, SP: Editora Santuário, 1984, 40.

[16] BENTO XVI, op. cit., 49-55.

[17] CHIOVARO, Francesco. *Santo Afonso: no tricentenário de seu nascimento: 1696-1996*, 37.

[18] Ibid., 17.

longeva vida, galgou muitas virtudes: por sua capacidade intelectual foi escritor, compositor, escultor, pintor e orador sacro. Foi um verdadeiro homem de vasta cultura e de formação polida. Essas habilidades lhe permitiram que fizesse "ele próprio, os projetos de seus conventos ou de suas igrejas"[19], que ele esculpisse muitas das imagens sacras e pinturas que foram usadas durante as missões populares pregadas por ele ou por seus confrades. Sto. Afonso tinha consciência de seu legado social e sabia que *noblesse oblige*[20] responsabilidade, formação de caráter e compromisso social. Portanto ele buscou sempre aprimorar sua erudição em vista do outro, fazendo-se a presença da aristocracia no apostolado da Igreja. Soube vivenciar isso de modo simples, porém cônscio de sua dignidade aristocrática. Durante a mocidade, Sto. Afonso foi um frequentador assíduo dos eventos sociais, participando "da vida cultural e social das famílias nobres da cidade. Era entusiasmado pelo teatro e pela música, e mantinha contato com as diversas correntes intelectuais de seu tempo"[21].

Dom José de Ligório desejava que o filho seguisse a carreira de jurista e não a de um oficial da marinha. Conforme destacou Rey-Mermet, "diante das capacidades intelectuais de seu filho e seu ardor no trabalho, o senhor José de Ligório não podia ambicionar outra coisa para ele. Deixando de lado qualquer ideia de fazer dele um soldado na trilha de seus antepassados paternos, o via brilhar na alta magistratura"[22]. Aos 12 anos o jovem Afonso possuía as competências necessárias para o estudo universitário, iniciando, em 1708, o estudo das ciências jurídicas. Em Nápoles havia um *Studium*, uma das mais antigas universidades (1224). Foi nela que, extraordinariamente aos 16 anos, Afonso concluiu os estudos, graduando-se em Direito Canônico e Civil[23], fato que denota sua aprimorada inteligência. Recordou-nos o papa Bento XVI que Sto. Afonso "era o advogado mais brilhante do foro de Nápoles: durante oito anos venceu todas as causas que defendeu"[24]. Foi ainda nos bancos da universidade,

[19] REY-MERMET, Théodule. *Afonso de Ligório, uma opção pelos abandonados*, 83.
[20] "A nobreza obriga" (*tradução nossa*).
[21] LEITGÖB, Martin. *Afonso de Ligório: Mestre da Oração e da Misericórdia*. Aparecida, SP: Editora Santuário, 2014, 16.
[22] REY-MERMET, Théodule. *Afonso de Ligório, uma opção pelos abandonados*, 73.
[23] Cf. LEITGÖB, Martin. *Afonso de Ligório: mestre da oração e da misericórdia*, 16.
[24] BENTO XVI. *Doutores da Igreja: coleção catequeses do papa*, 49-55.

em 21 de janeiro de 1713, um sábado, que ele proferiu o juramento e voto sanguíneo de defender a doutrina da Imaculada Conceição[25].

Após resolver se dedicar à carreira eclesiástica cursou, com prodígio, os estudos teológicos, sendo ordenado sacerdote em 21 de dezembro de 1726 na catedral de Nápoles. Durante os anos de sua formação ministerial ele "adquiriu uma vasta cultura teológica, que fez frutificar quando, depois de alguns anos, empreendeu a sua obra de escritor"[26]. Dotado de um entusiasmo pastoral, Sto. Afonso criou as *capelas vespertinas*[27], atividades religiosas que aconteciam ao entardecer nas capelas e igrejas de Nápoles. Essas atividades – instrução cristã, sacramentos, orações e devocionais – eram destinadas às pessoas simples, que podiam acorrer às igrejas somente após o trabalho. No fim da tarde "elas constituíram uma verdadeira fonte de educação moral, de restabelecimento social e de ajuda recíproca entre os pobres: furtos, duelos e prostituição quase chegaram a desaparecer"[28]. Em 1730, tendo realizado uma experiência mística na cidade de Scala, junto ao povo desafortunado e privado da instrução cristã, ele se sentiu impulsionado a criar um apostolado que atendesse o povo mais sofrido e desassistido pelo clero.

Portador de uma sensibilidade apostólica, Sto. Afonso fundou, em 9 de novembro de 1732, a Congregação do Santíssimo Redentor, – contando com o apoio e a inspiração de Madre Maria Celeste Crostarosa (1696-1755) – Instituto com a finalidade de socorrer a todos os que estavam à margem da sociedade e eram desassistidos sacramentalmente pelo clero local. Na *grotticella*, aconteceu-lhe uma experiência mística com a Santíssima Virgem que, segundo a tradição redentorista, Sto. Afonso teria visto naquele local a Virgem Maria[29]. Em 29 de junho de 1734 ele proferiu o voto de jejuar aos sábados, em honra de Nossa Senhora, demonstrando assim sua piedade e devoção mariana. Reconhecendo sua capacidade intelectual e pastoral, o papa Clemente XIII (1693-1769), em 1762, nomeou-o bispo da diocese de Sant'Ágata dei Goti: "o episcopado, que lhe sobrevém em 1762, não vai confinar o missionário nas estreitas fronteiras diocesanas. Muito ao contrário"[30], ele permaneceu em

[25] Cf. REY-MERMET, op. cit., 100-101.
[26] BENTO XVI, op. cit., 49-55.
[27] Cf. REY-MERMET, op. cit., 187-198.
[28] BENTO XVI, op. cit., 49-55.
[29] Cf. REY-MERMET, op. cit., 321.
[30] REY-MERMET, Théodule. *Afonso de Ligório, uma opção pelos abandonados*, 617.

Sant'Ágata dei Goti até sua renúncia (1775), quando passou a residir em Pagani em uma das casas da Congregação, exercendo a função de Reitor-Mor do Instituto.

A moral alfonsiana foi uma opositora da corrente jansenista, uma vez que Sto. Afonso buscou dar resposta à altura das sentenças rigoristas. Sua expressão Maria *spes nostra*[31] foi obstinadamente repudiada pelos jansenistas, que se recusavam a reconhecer a Virgem Maria como possível intercessora do gênero humano. Para eles, as pessoas estavam predestinadas, ou não, à salvação, portanto, de nada valeria a intercessão mariana. Segundo o Pe. Berthe: "Afonso via que o rigorismo tinha a dupla desvantagem de multiplicar os pecados e de impedir as conversões"[32]. O legado alfonsiano propiciou à Igreja a supressão da heresia jansenista e traçou novos rumos à moral católica. Foi tão acirrado o combate alfonsiano contra os jansenistas que, por um vasto tempo, "foi penoso introduzir nos seminários franceses a *Teologia Moral* de Sto. Afonso de Ligório; diocese houve em que os professores a qualificavam de *Theologia moralis seu potius immoralis*"[33]. Aos olhos dos franceses, a Teologia Moral proposta por Sto. Afonso era considerada progressista ou mesmo laxista, teoria sem argumentos concretos. Com o passar dos anos, a Igreja adotou a moral alfonsiana como sua corrente moral, a ser ensinada nos institutos teológicos católicos: "Afonso, em sua *Teologia Moral*, realizou um prodígio de equilíbrio, o que lhe proporcionou aprovações sem número"[34]. A posição proposta e desenvolvida sistematicamente por Sto. Afonso, em sua Teologia Moral, foi chamada de *equiprobabilismo*[35].

Certamente, Sto. Afonso teve uma insigne biografia, marcada por uma vida trilhada entre os livros, a espiritualidade e o apostolado. Já no fim de sua vida, impossibilitado de se locomover, contentava-se em passar horas em adoração, em sua capela privativa. Certa ocasião, disse o papa Clemente XIII: "Quando Mons. De Ligório morrer, teremos mais um san-

[31] "Esperança nossa" (*tradução nossa*). Termo muito utilizado por Sto. Afonso para designar Maria como esperança dos cristãos. O termo foi utilizado por diversas vezes na obra: *As Glórias de Maria* (1750).

[32] BERTHE, Pe. Agostinho. *Santo Afonso Maria de Ligório*, 271.

[33] PIRES, Pe. Heliodoro. Galicanismo e Jansenismo em França e no Brasil. In: *Revista Vozes de Petrópolis*, v. 11, (1953), 598.

[34] BERTHE, op. cit., 276.

[35] Teoria que defende a ideia de que, em questões morais, podem ser adotadas duas soluções diferentes para um mesmo problema quando há impossibilidade de certeza. Trata-se da chamada terceira via, ou popularmente falando, meio termo.

to na Igreja de Jesus Cristo"[36]. Ele morreu em 1º de agosto de 1787, após ser confortado pelos sacramentos da Igreja e suplicar a um de seus confrades para que lhe trouxesse uma estampa de Maria Santíssima, pintada por ele, para sua veneração final. Sto. Afonso foi beatificado em 6 de setembro de 1816, canonizado em 26 de maio de 1839 e declarado Doutor da Igreja em 23 de março de 1871, com a alcunha de Doutor Zelantíssimo. Pio IX, referindo-se sobre os méritos do novo Doutor, destacou: "o de haver colocado em plena luz e defendido com a maior energia a doutrina da infalibilidade do Pontífice romano quando ensina *ex cathedra*, doutrina hoje dogmaticamente definida"[37]. Foi proclamado Padroeiro dos confessores e dos moralistas em 26 de abril de 1950. Sobre ele declarou o papa Bento XVI: "ao qual devemos muito, porque foi um insigne teólogo moralista e um mestre de vida espiritual para todos, principalmente para as pessoas simples"[38].

1.1. Aportes teológicos alfonsianos à doutrina da Imaculada Conceição

A Doutrina da Imaculada Conceição, como vimos no capítulo anterior, foi sendo progressivamente consolidada com o passar dos anos. Até o século XVIII muito já havia sido desenvolvido, porém, o dogma foi proclamado somente em 1854. O respaldo de diversos autores eclesiásticos e as sentenças apresentadas por renomados teólogos foram responsáveis para que o papa Pio IX viesse a proclamar essa verdade de fé, que por séculos foi palco de muitas discussões entre os maculistas e imaculistas. Sto. Afonso era adepto da corrente imaculista e em muitos de seus escritos ele deixou transparecer sua defesa da doutrina da Imaculada. Devemos aqui destacar que a relação de Sto. Afonso com a Imaculada Conceição foi além de sua devoção dos tempos de infância, ela se concretizou em 21 de janeiro de 1713, quando ele proferiu o juramento de defesa da doutrina da concepção imaculada de Maria.

Com relação ao culto e devoção à Imaculada Conceição da Virgem, na Itália, especialmente em Nápoles, observou Bisinoto:

[36] Ibid., 376.
[37] BERTHE, Pe. Agostinho. *Santo Afonso Maria de Ligório*, 474.
[38] BENTO XVI. *Doutores da Igreja: coleção catequeses do papa*, 49-55.

> O culto da Imaculada Conceição chegou cedo à Itália. Na história da Igreja, pelos fins do século VII, apareceram alguns hinos que retratavam e cantavam a Imaculada Conceição. [...] O ambiente napolitano estava impregnado da piedade mariana. O cidadão de Nápoles era muito devoto da Virgem Maria. [...] O culto da Imaculada Conceição fazia parte da religiosidade napolitana. No tempo de Santo Afonso, foi erigido o obelisco em honra da Imaculada Conceição na Praça de Jesus Novo. [...] A cultura mariana de Nápoles influenciou profundamente a concepção religiosa de Santo Afonso. Seu amor à Imaculada Conceição deve-se, em grande parte, à piedade napolitana[39].

Ele ainda constatou que "Santo Afonso herdou, particularmente, o culto da Imaculada Conceição de sua mãe. Ana recebeu profunda influência da piedade mariana franciscana"[40]. Os franciscanos foram responsáveis pela difusão da doutrina imaculista, tendo como seu principal propagador o teólogo Frei João Duns Scotus (1266-1308). Essa influência imaculista alcançou a senhora Ana Cavalieri, que transmitiu esse legado para seu filho, pois "Ana pertencia, com o filho Hércules, à Arquiconfraria da Imaculada Conceição dos Nobres de Monte Calvário. Desde pequeno, Santo Afonso trazia o escapulário da Imaculada Conceição"[41]. Essa herança materna influenciou, profundamente, sua devoção mariana, visto que sua mãe se tornou peça chave para o estudo de sua Mariologia, pois Sto. Afonso encontrou em Maria o devotamento que tinha para com sua mãe.

No século XVII esteve muito em voga o chamado *votum sanguinis* (voto de sangue)[42], uma prática adotada pelos defensores da doutrina imaculista. Ele foi empregado em diversas universidades[43] que, com o passar dos anos, tornou-se um *movimento* que culminou na propagação da doutrina imaculista. Para Santonicola: "Il Voto del sangue – *Votum Sanguinis* – è certamente una delle più belle e magnifiche espressioni della fede e della pietà, dell'amore e dello zelo dei Cattolici per l'augusto mistero dell'Immacolata Concezione di Maria"[44]. O polêmico historiador

[39] BISINOTO, Eugênio Antônio. *Mãe do Belo Amor: introdução à mariologia de Santo Afonso de Ligório*, 99-100.
[40] BISINOTO, Eugênio Antônio. *Mãe do Belo Amor: introdução à mariologia de Santo Afonso de Ligório*, 100.
[41] Ibid., 101.
[42] Cf. LAURENTIN, René. *Breve Tratado de teologia mariana*, 93.
[43] Cf. FIORES, Stefano De; MEO, Salvatore (Org.). *Dicionário de Mariologia*, 601.
[44] "O voto do sangue - *Votum Sanguinis* - é certamente uma das mais belas e magníficas expressões da fé e piedade, amor e zelo dos católicos pelo augusto mistério da Imaculada Conceição de Maria". SANTONICOLA, Alfonso. Il "Voto del Sangue" per L'Immacolata e S. Alfonso de Liguori. In: *Spicilegium Historicum Congregationis SSmi Redemptoris*, annus III, (1955), 199 (*tradução nossa*).

Ludovico Antonio Muratori (1672-1750) se opôs a essa prática, afirmando não ser "lícito expor a própria vida por causa de uma opinião como é exatamente a Imaculada Conceição, não declarada de fé pelo magistério"[45]. Contrário ao *voto de sangue*, ele encontrou em Sto. Afonso um ferrenho opositor, o qual contestou: "que a afirmação a Imaculada Conceição fosse mero objeto de opinião favorável ou não, já que existiam dois motivos que garantiam como certa essa doutrina: o consenso dos fiéis e a celebração universal da festa da Imaculada Conceição"[46]. O *voto de sangue* espalhou-se pelas universidades da Europa e se tornou uma prática corriqueira, atingindo as diversas camadas sociais: "em 1546, o rei Dom João, de Portugal, fez diante da corte o voto de sangue, consagrando depois o Reino à Imaculada Conceição"[47].

Sto. Afonso sempre esteve convicto da doutrina da Imaculada Conceição e, em diversos momentos e das mais variadas formas, buscou reforçar essa convicção, defendendo as sentenças imaculistas. Quando estudante de direito da universidade de Nápoles, Sto. Afonso havia proferido o juramento de defesa da doutrina da Imaculada Conceição emitido com a seguinte fórmula:

> Eu, Afonso Maria de Ligório, muito humilde servo de Maria, sempre Virgem, Mãe de Deus, prostrado aos pés da Divina Majestade, na presença da inefável Trindade de um só Deus Pai, Filho e Espírito Santo, tomando como testemunhas todos os habitantes da Jerusalém celestial, creio fielmente de espírito, abraço verdadeiramente de coração e proclamo firmemente de boca que a Senhora, Mãe de Deus, sempre Virgem, a Senhora foi objeto, por parte desse Deus que tudo pode, de um privilégio absolutamente único: foi inteiramente preservada de qualquer mácula do pecado original desde o primeiro instante de sua conceição, isto é, da união de seu corpo e de sua alma. Em público e em particular, até o último suspiro de minha vida, ensinarei essa doutrina e trabalharei com todas as minhas forças para que os outros a aceitem e a ensinem. Assim atesto, assim prometo, assim juro; e que assim Deus venha em meu auxílio e seus Santos Evangelhos[48].

[45] FIORES, Stefano De; MEO, Salvatore (Org.)., op. cit., 601.

[46] Ibid.

[47] BISINOTO, op. cit., 103.

[48] REY-MERMET, Théodule. *Afonso de Ligório, uma opção pelos abandonados*, 100-101.

Em 21 de janeiro de 1713, por ocasião de sua formatura, Sto. Afonso proferiu esse juramento: "de joelhos, na presença daqueles que são agora seus pares, ele faz primeiramente sua profissão de fé católica nos termos da fórmula dita 'tridentina' [...] Em seguida, ele se compromete solenemente quanto ao dogma, então não ainda definido, da Imaculada Conceição da Virgem Maria"[49]. Em seu juramento de defesa da doutrina da Imaculada, ele destacou: "foi inteiramente preservada de qualquer mácula do pecado original desde o primeiro instante de sua conceição, isto é, da união de seu corpo e de sua alma"[50]. A expressão: "desde o primeiro instante de sua conceição" foi a mesma que o papa Pio IX usou na Bula *Ineffabilis Deus* (1854), que proclamou como dogma de fé da Igreja Católica a Imaculada Conceição da Virgem Maria.

Sto. Afonso afirmou: "Em público e em particular, até o último suspiro de minha vida, ensinarei essa doutrina e trabalharei com todas as minhas forças para que os outros a aceitem e a ensinem"[51]. Assim ele o fez em suas obras, que se tornaram verdadeiras defesas da doutrina da Imaculada e buscou inspirar a tantos para que aceitassem e propagassem essa sentença. Portanto "as *Glórias de Maria* difundidas pelo mundo inteiro, inauguraram o renascimento do culto de Maria e abriram a era da esperança, mostrando de um lado a Virgem Imaculada, as mãos cheias de graças, e do outro, o rosário do servo de Maria como meio de as obter"[52]. Sto. Afonso compreendeu que a concepção imaculada era um ponto importante da doutrina mariana, mas não apenas para a Mariologia. Havia ainda dois pontos importantes: o cristológico e o escatológico. Maria é Imaculada em vista do Cristo e essa *imaculatês* é sinal da condição futura dos homens, que se colocarão diante de Deus sem manchas do pecado (Ap 7,14). Segundo o Pe. Berthe: "O leitor notará que Santo Afonso é o doutor da salvação, mas da salvação pela Santíssima Virgem"[53]. Há também o caráter soteriológico da doutrina da Imaculada.

Posteriormente, ele renovou o juramento de defesa da doutrina da Imaculada fazendo esse bom propósito nos seguintes termos:

---

[49] Ibid., 100.

[50] Ibid., 100-101.

[51] Ibid.

[52] BERTHE, Pe. Agostinho. *Santo Afonso Maria de Ligório*, 237.

[53] BERTHE, Pe. Agostinho. *Santo Afonso Maria de Ligório*, 237.

> Ó minha Rainha Imaculada, é imensa a minha alegria vendo-a enriquecida por uma tão grande pureza! Agradeço e sempre agradecerei a nosso comum Criador tê-la preservado de qualquer mancha de pecado! Sim, eu o creio certamente; e para defender esse grande, esse singular privilégio de sua conceição imaculada, estou pronto e me comprometo por juramento a dar, se for preciso, minha própria vida[54].

As expressões: "enriquecida por uma tão grande pureza!"; "tê-la preservado de qualquer mancha de pecado!"; "esse singular privilégio de sua conceição imaculada", foram intuições do cerne da formulação dogmática de 1854. Muitas delas foram utilizadas na Bula *Ineffabilis Deus*. Pio IX encontrou no insigne autor de *As Glórias de Maria Santíssima* (1750) o respaldo teológico para proclamação do dogma da Imaculada Conceição. Ele captou a sensibilidade alfonsiana, que lutou na linha de frente do grande exército imaculista. Observou Bisinoto: "Quando o papa Pio IX definiu o dogma da Imaculada Conceição, ele disse que nas obras de Santo Afonso há argumentos irrefutáveis que são expostos e demonstrados com clareza"[55]. Segundo Domenico Capone: "E su questo campo S. Alfonso lavorava, ed il suo lavoro fu eficacíssimo, come ci ha dichiarato Pio IX a principio"[56]. O reconhecimento por seu esmerado trabalho veio em 23 de março de 1871, quando foi declarado Doutor da Igreja.

Não podemos desconsiderar que, "desde menino, Santo Afonso sempre esteve vinculado ao culto da Imaculada Conceição. Tinha um carinho especial por esse título"[57]. Sempre em consonância com as Escrituras, a Tradição da Igreja e o ensinamento dos Santos Padres, Sto. Afonso, com muita lucidez, buscou argumentar ponderadamente sobre o privilégio mariano: "de acordo com Santo Afonso, o testemunho dos Santos Padres acerca da Imaculada Conceição é unânime"[58]. Sobre a Imaculada Conceição ele escreveu 12 obras[59], nas quais ele pôde refletir a respeito da sentença imaculista e sistematizá-la teologicamente. Sto. Afonso se dedicou a estudar esse privilégio mariano, bem como propagá-lo em

[54] REY-MERMET, Théodule. *Afonso de Ligório, uma opção pelos abandonados*, 101.

[55] BISINOTO, Eugênio Antônio. *Mãe do Belo Amor: introdução à mariologia de Santo Afonso de Ligório*, 107.

[56] "E nesse campo S. Afonso trabalhou, e o seu trabalho foi eficacíssimo, como declarou Pio IX a princípio". CAPONE, Domenico. La dottrina di S. Alfonso sulla concezione immacolata di Maria SS.ma. In: *Spicilegium Historicum Congregationis SSmi Redemptoris*, annus III, (1955), 86 (*tradução nossa*).

[57] BISINOTO, op. cit., 103.

[58] BISINOTO, Eugênio Antônio. *Mãe do Belo Amor: introdução à mariologia de Santo Afonso de Ligório*, 105.

[59] Cf. Ibid., 102.

seus escritos. Segundo Bisinoto: "Ele foi não só um devoto entusiasta da Imaculada Conceição, mas também um teólogo, que buscou esclarecer e fundamentar sua convicção mariana"[60].

Em nossa exposição devemos considerar que,

> Santo Afonso propôs sua doutrina sobre a Imaculada Conceição em diversas obras. Já em 1748, inscreveu seu ensinamento mariano na primeira edição de sua obra "Teologia moral". Mesmo nas outras edições do livro, ele manteve a mesma exposição.
> No livro "Glórias de Maria", publicado em 1750, Santo Afonso desenvolveu sua reflexão sobre a Imaculada Conceição, comentando sua festa.
> Em 1758, com seu escrito "Instrução prática aos confessores", defendeu a tese da Imaculada Conceição. Manteve a mesma afirmação no livro "Homem apostólico".
> Em 1767, Santo Afonso tornou o tema da Imaculada Conceição popular, com seu escrito "Compêndio da Doutrina Cristã". Em 1769, fez um estudo apologético na "Obra dogmática contra os hereges"[61].

Sto. Afonso sempre deu um enfoque mariano às suas obras, com especial destaque para o título da Imaculada Conceição. Ele foi convicto desse privilégio mariano por inúmeros motivos: em virtude do consenso dos fiéis, pela adesão das universidades e pelos argumentos apresentados pelos Santos Padres. Um conjunto de elementos que discutiu as sentenças imaculistas e o levou a reconhecer que a Bem-Aventurada Virgem Maria foi concebida Imaculada, livre das mazelas do pecado original: "Com lucidez e rigor científico, Santo Afonso desenvolveu o tema da Imaculada Conceição em sua teologia mariana. Seu argumento central foi o recurso ao mistério da Santíssima Trindade"[62]. Ele buscou abordar o tema da Imaculada na perspectiva trinitária, a inter-relação de Maria com as Pessoas da Santíssima Trindade. Para Sto. Afonso, essa preservação ocorreu "por conveniência, a Santíssima Trindade preservou a Virgem Maria da mancha do pecado original. Isso porque a vocação de Maria era de ser a Mãe de Jesus Cristo, o qual redimiria o gênero humano do pecado original"[63].

---

[60] Ibid., 104.
[61] Ibid., 104-105.
[62] Ibid., 108.
[63] Ibid., 109.

Em 1750 Sto. Afonso escreveu sua célebre obra: *As Glórias de Maria Santíssima*, um livro que traçou todo o seu itinerário como escritor mariano. Esta obra deu o tom que ele sistematizou sua Mariologia. Segundo o Pe. José de Luca (1898-1962): "As Glórias de Maria" é o último grande livro europeu escrito em louvor de Maria"[64]. Esse livro o consagrou como mariólogo e proporcionou que ele se tornasse uma referência marial. Sto. Afonso nunca será lembrado como um autor de um único livro, pois seu legado literário ultrapassa a publicação de mais de cem obras, nas áreas da Teologia e Espiritualidade. Por considerar que "o culto da Virgem Maria possibilita e aprofunda a vida cristã, pois ela é a forma perfeita de vivência generosa e alegre do Evangelho da Salvação"[65], é que Afonso se propôs a escrever o livro.

Foram longos 16 anos (1734-1750) de muitas pesquisas, reunindo um seleto grupo de excertos de cerca de 170 autores eclesiásticos[66] e trechos bíblicos. Sua capacidade de síntese lhe permitiu compor uma obra de vasto teor teológico, que está alicerçada em renomados teólogos. O motivo que o impulsionou a escrever foi que ele "quis colocar nas mãos dos pregadores uma obra mariana bem documentada a fim de que servisse de subsídio pastoral e catequético para instruir os fiéis. Para tanto, reuniu tudo o que estava esparso sobre mariologia"[67]. Segundo Bisinoto: "O projeto de Santo Afonso foi compor um livro de espiritualidade mariana que fosse atraente, piedoso, sedutor, mas também sólido e fundamentado na teologia. Por isso ele escreveu o livro paulatinamente, com cuidado, rigor e respeito pela piedade do povo"[68]. Seu estilo literário é acessível a todos os públicos, com linguagem coloquial, mostrou-se um poeta da teologia: "soube unir a inteligência e o coração para que envolvesse os leitores, de maneira que, aos poucos, assumissem como seus os pensamentos e os afetos do escritor"[69]. Na introdução do livro Sto. Afonso, dirigindo-se a Jesus Redentor, dedicou sua obra à Imaculada Conceição: "Aceitai este insignificante tributo de meu amor para convosco e vossa Mãe querida. Protegei-o; a quantos o lerem, enchei com a luz de confiança, inflamai-os nas chamas do amor para com essa Virgem Imaculada, por vós colocada como esperança e refúgio de todos os remidos"[70].

---

[64] REY-MERMET, Théodule. *Afonso de Ligório, uma opção pelos abandonados*, 471.
[65] BISINOTO, Eugênio Antônio. *Mãe do Belo Amor: introdução à mariologia de Santo Afonso de Ligório*, 68.
[66] Cf. Ibid., 71.
[67] Ibid., 70.
[68] Ibid.
[69] Ibid., 71.
[70] LIGÓRIO, Afonso Maria de. *Glórias de Maria*, 21.

A repercussão da obra foi de rápida aceitação do público quando, ainda durante sua vida, Sto. Afonso viu 16 edições na Itália, uma na Alemanha (1772) e uma na Espanha (1773). Até 1952 foram publicadas 328 edições francesas, 111 italianas, 82 alemãs, 64 holandesas, 60 espanholas, 36 inglesas e 80 em outras línguas[71]. No Brasil o livro foi publicado pela primeira vez em 1907 e contou com inúmeras edições.

Com relação à estrutura, o livro está dividido em cinco partes:

> A primeira grande parte trata de uma das orações marianas mais conhecidas na Igreja, a antífona "Salve-Rainha", atribuída ao monge medieval Hermann von Reichenau (1013-1054).
> A segunda parte ocupa-se com as "Virtudes de Maria Santíssima": sua humildade, seu amor para com Deus e o próximo, sua fé, sua esperança, sua castidade, sua pobreza, sua humildade e sua paciência.
> Na terceira parte são explicadas diversas devoções marianas e orações, começando com a Ave-Maria e o Rosário, até o jejum e a esmola em louvor da Mãe de Deus.
> A quarta parte explica e comenta as grandes festas marianas do ano litúrgico, na ordem cronológica da vida de Maria: sua "imaculada Conceição", seu nascimento e sua apresentação no templo (sua entrega), a anunciação do Senhor pelo Anjo, visita a sua prima Isabel ("Visitação"), apresentação do Senhor no templo ("Purificação"), até as "Dores de Maria" e sua "Assunção ao céu".
> Finalmente na última parte, dentre as festas marianas tratadas acima, as "Dores de Maria" são apresentadas e meditadas pormenorizadamente[72].

Sto. Afonso "tomou a pena não para fazer um escrito de erudição, mas de edificação, para revelar aos devotos de Nossa Senhora o segredo da santidade e doar-lhes uma garantia nova de salvação"[73]. Seu estilo literário lhe permitiu transmitir conceitos por meio de suas obras e seus escritos moldaram muitas consciências, inspirando a muitos no aprimoramento da devoção. Segundo Bisinoto, "Santo Afonso é um eco metódico e criativo da literatura mariana da Igreja. [...] Outra originalidade de Santo Afonso foi que procurou unir doutrina e piedade, dogma e espiri-

[71] Cf. BISINOTO, Eugênio Antônio. *Mãe do Belo Amor: introdução à mariologia de Santo Afonso de Ligório*, 71-72.
[72] LEITGÖB, Martin. *Afonso de Ligório: Mestre da Oração e da Misericórdia*, 57-58.
[73] BISINOTO, op. cit., 72.

tualidade"[74]. Ele possuía uma capacidade de síntese muito aprimorada. Devemos considerar que Sto. Afonso "desenvolveu uma teologia mariana muito profunda e equilibrada, que influenciou a vida e a doutrina da Igreja"[75]. As consequências da literatura alfonsiana perpassaram o século XVIII. Neste livro ele "inaugurou sua luta anti-jansenista e anti-voltairiana pela publicação de seu primeiro trabalho de fôlego"[76].

Tendo visto todo o processo de desenvolvimento da obra e o itinerário histórico da publicação dela, cremos ser válido apresentar o texto em si, analisando na íntegra quais os contributos imaculistas fornecidos por ele no livro. A segunda parte do livro: *Tratados e reflexões sobre as festas e dores de Maria Santíssima*, Sto. Afonso dedicou o primeiro capítulo: *Da Imaculada Conceição*. Nesse tópico ele abordou a conveniência das três Pessoas da Santíssima Trindade em preservar Maria da culpa original, apresentando em subcapítulos o que convinha ao Pai, ao Filho e ao Espírito Santo. Segundo Sto. Afonso, cada uma das três Pessoas da Santíssima Trindade possuía razões específicas para terem concedido a Maria o privilégio da *imaculatês*. No segundo capítulo, *Certeza da Imaculada Conceição*, ele retomou os três fundamentos de suas teses imaculistas: os Santos Padres, o *sensus fidelium* e a existência de uma festa litúrgica votiva à Imaculada Conceição. Como veremos mais adiante, Sto. Afonso era um retórico e em seus escritos tendia a convencer seus leitores. Para isso, ele era muito dado a anexar em suas obras, metáforas.

Segundo o seu biógrafo Rey-Mermet:

> Para nosso "Doutor zelosíssimo", a fé na Imaculada não é uma flor de luxo incrustada na coroa de sua Mãe. Redentorista, que é, vê nisso um dogma vital para o mundo resgatado. Pela graça poderosa da salvação em Jesus Cristo, essa Inocência total é colhida de nossa humanidade como um sinal e uma promessa: a família humana emerge progressivamente do pecado; dia virá em que, salvo obstinada recusa, ela será inteiramente sem mancha. Essa fé na Imaculada Conceição é o contraponto luminoso da crença do pecado original, uma atenuação do negror de que protestantes e jansenistas pretendiam dar-se conta: a natureza humana não está corrompida a tal ponto que Deus não possa fazer brotar dela essa flor de total inocência. E aí está um primeiro sentido de Spes nostra, salve "Esperança nossa, salve" – inscrito por Afonso no frontispício do livro As Glórias de Maria, sob a gravura expressiva,

[74] Ibid., 73.
[75] Ibid., 76-77.
[76] BERTHE, Pe. Agostinho. *Santo Afonso Maria de Ligório*, 230.

que ele mesmo desenhou, daquela que é, em um só tempo, a Toda Bela e a Toda Bondosa. É a partir dessa visão dogmática da "Redenção" que o fundador deu a Imaculada como padroeira a seus "redentoristas"[77].

Sto. Afonso, comentando a respeito do pecado original, afirmou: "Dessa comum desventura quis Deus, entretanto, eximir a Virgem bendita"[78]. Referindo-se aos motivos que convinha ao Pai isentar Maria da culpa original, ele argumentou: "Com efeito, é Maria a primogênita de Deus por ter sido predestinada juntamente com o Filho nos decretos divinos, antes de todas as criaturas"[79]. Nesse processo de argumentação ele retomou diversos autores eclesiásticos para assegurar suas sentenças. A respeito da conveniência do Filho em preservar a mãe, ele declarou: "Mas a um Deus puríssimo convinha uma Mãe isenta de toda culpa"[80], e acrescentou: "Tendo eleito Maria por Mãe, certamente por sua graça a tornou digna de tão sublime honra"[81]. Por fim, ele apresentou os motivos convenientes ao Espírito Santo em preservar Maria da mancha original: "À esposa do Espírito Santo convinha uma formosura ilibada"[82] e, ainda acrescentou: "Tais expressões significam que Maria foi santa desde o momento de sua conceição"[83]. Sto. Afonso quis salientar uma possível relação existente entre Maria e cada uma das Pessoas da Trindade. Com base nesse argumento de conveniência, seria o motivo pelo qual ela fora preservada imune da mácula do pecado original: "ora, vejamos quanto convinha às Três Pessoas preservar Maria da Culpa primitiva. E isso por ser ela Filha de Deus Pai, Mãe de Deus Filho e Esposa de Deus Espírito Santo"[84]. Em sua retórica, Sto. Afonso apresentou uma arguição teológica relevante, pois ele propôs comparativos sistemáticos entre Mariologia e Teologia Trinitária.

Na sequência, ele apresentou argumentos esparsos no capítulo II: *Certeza da Imaculada Conceição*: "Tenho por certa, entretanto, a sentença de que Maria não contraiu o pecado de Adão"[85] e indagou a respeito do *sensus fidelium*: "Em verdade, este mesmo consenso dos fiéis já nos certifica da santificação

[77] REY-MERMET, Théodule. *Afonso de Ligório, uma opção pelos abandonados*, 473-474.
[78] LIGÓRIO, Afonso Maria de. *Glórias de Maria*, 235.
[79] Ibid., 236.
[80] Ibid., 241.
[81] Ibid., 243.
[82] Ibid., 247.
[83] LIGÓRIO, Afonso Maria de. *Glórias de Maria*, 248.
[84] Ibid., 235-236.
[85] Ibid., 251.

de Maria no seio materno e de sua Assunção ao céu, em corpo e alma. Mas por que não nos certificaria ele igualmente de sua Imaculada Conceição?"[86] Comentando a respeito da existência de uma festa litúrgica votiva à Imaculada Conceição, ele observou: "Concluiu-se isso da citada Bula de Alexandre VII. Aí ele declara que a Igreja celebra a Conceição de Maria, no sentido que lhe dá a pia sentença, segundo a qual foi ela concebida sem a culpa original"[87], e interrogou: "Por que então não poderemos ter por certo que Maria foi preservada do pecado original, desde o primeiro instante de sua Conceição, já que é notório que, nesse mesmo sentido, a mesma Igreja estabeleceu uma festa própria?"[88] Para Sto. Afonso, o fato de a Igreja celebrar uma festa litúrgica votiva à Imaculada Conceição significava uma aprovação, ou mesmo, um reconhecimento da doutrina relativa da concepção imaculada de Maria. Sto. Afonso não escapou da Teologia tomista de sua época. Foi um escolástico e, portanto, os argumentos de conveniência foram muito utilizados por ele.

Sto. Afonso, com uma sentença favorável à doutrina da Imaculada Conceição, encerrou o capítulo com uma oração composta por ele, ressaltando os seguintes pontos:

> Ó minha Senhora, minha Imaculada, alegro-me convosco por ver-vos enriquecida de tanta pureza. Agradeço e proponho agradecer sempre a nosso comum Criador por ter-vos ele preservado de toda mancha de culpa. [...] Enquanto todos nascem manchados da culpa e inimigos de Deus, vós nascestes pura e imaculada, amiga de vosso Criador. [...] Consenti, pois, que ainda vos louve, como vos louvou vosso próprio Deus: Toda sois formosa e em vós não há mancha. [...] Dulcíssima, amabilíssima, imaculada Maria, vós que sois tão bela aos olhos do Senhor, não recuseis olhar com vossos piedosíssimos olhos as chagas tão asquerosas de minha alma[89].

Apresentando um comentário a respeito do pensamento imaculista alfonsiano, Domenico Capone observou:

> Alla parte polemica segue l'esposizione del pensiero alfonsiano. Ma qui egli ripete, anzi ristampa quanto ha già pubblicato nella Dissertatio e nelle Glorie di Maria. Ciò documenta che S. Alfonso tra il 1748 ed il 1755

[86] Ibid., 254.
[87] Ibid.
[88] Ibid.
[89] LIGÓRIO, Afonso Maria de. *Glórias de Maria*, 256-257.

> aveva meditato e raggiunto la certezza definitiva sulla verità della concezione immacolata di Maria e sulla sua definibilità quale dogma di fede[90].

No comentário anterior, podemos observar que a doutrina da Imaculada Conceição foi objeto das meditações e reflexões de Sto. Afonso e que o livro: *As Glórias de Maria Santíssima* (1750) foi o vasto campo encontrado por ele para desenvolver o tema com brilhantismo. Ao sistematizar a doutrina relativa à concepção imaculada, ele percebeu que ela continha elementos suficientes para a proclamação de um dogma, proclamação que ocorreu posteriormente. Como pudemos ver, ao longo de todo o livro *As Glórias de Maria Santíssima* (1750), Sto. Afonso defendeu as teses imaculistas e sua argumentação retórica tinha por finalidade o convencimento de seus leitores.

> O amor de Afonso pela Virgem levou-o a sustentar com fervor, em seus *Discursos sobre as festas de Maria*, teses então em relativa voga: A Imaculada ultrapassou em santidade, desde seu primeiro instante, a todos os homens e todos os anjos reunidos? Esse "reunidos" dá vertigem. Mas podemos ficar com a fórmula que será adotada por Pio IX na bula *Ineffabilis*: "Maria, cumulada de graças, sobrepassa em santidade, desde sua concepção, até os anjos e os serafins"[91].

Esse intento alfonsiano imaculista encontrou eco no pensamento mariano do papa Pio IX, que após ler a obra e ter contato com outros escritos alfonsianos, achou respaldo teológico para sistematizar a doutrina da Imaculada Conceição e proclamar em *ex-cathedra* o dogma em 1854. A obra alfonsiana serviu de respaldo teológico para diversos teólogos, que buscaram embasar suas teses no pensamento da teologia marial clássica.

1.2. *De Maria nunquam satis*

A devoção mariana de Sto. Afonso lhe permitiu compreender que: "*De Maria nunquam satis*"[92]. Os escritos marianos nunca se esgotam, pois há

---

[90] "A parte controversa é seguida pela apresentação do pensamento alfonsiano. Mas aqui ele repete, ou melhor, reimprime o que já publicou na *Dissertatio* e nas *Glórias de Maria*. Isso documenta que S. Alfonso, entre 1748 e 1755, meditou e alcançou uma certeza definitiva sobre a verdade da concepção imaculada de Maria e sobre sua definibilidade como dogma da fé". CAPONE, Domenico. La dottrina di S. Alfonso sulla concezione immacolata di Maria SS.ma. In: *Spicilegium Historicum Congregationis SSmi Redemptoris*, annus III, (1955), 106 (*tradução nossa*).

[91] REY-MERMET, Théodule. *Afonso de Ligório, uma opção pelos abandonados*, 475-476.

[92] "De Maria nunca se diz o suficiente" (*tradução nossa*).

sempre um ponto a ser pesquisado, uma sentença a ser examinada, uma doutrina a ser sistematizada. Os contributos alfonsianos à doutrina da Imaculada Conceição se deram também de outras formas, além da publicação de *As Glórias de Maria Santíssima* (1750). Sto. Afonso tinha consciência de que sua obra literária jamais abarcaria todo o legado imaculista, uma vez ser necessário lançar outras empreitadas para a difusão das sentenças da concepção imaculada. Com perspicácia, buscou escrutinar outros meios para a divulgação de sua posição imaculista. Ele viu, em sua recém fundada Congregação (1732), uma embaixatriz de suas convicções. Sto. Afonso incumbiu aos seus confrades a missão de serem árduos defensores da doutrina imaculista, de se alistarem nas linhas do *front* das batalhas em defesa das prerrogativas marianas: "Em toda a sua tradição, a Congregação sempre se preocupou em transmitir uma mensagem mariana aos fiéis"[93].

Sto. Afonso, no Capítulo Geral de 1749, escolheu como Patrona da Congregação do Santíssimo Redentor a Bem-aventurada Virgem Maria: "Padroeira principal da Congregação seja Maria Santíssima sob o título de Imaculada Conceição"[94]. Mesmo após sua morte, o Capítulo Geral de 1793 reafirmou o patronato da Imaculada Conceição. As Regras latinas de 1849 afirmavam: "A principal padroeira de nossa Congregação é a Bem-aventurada Virgem Maria sob o título de Imaculada Conceição. O dia de sua festa será celebrado pelos confrades com maior piedade e o maior esplendor possível"[95]. A Imaculada Conceição sempre fez parte da vivência do apostolado dos redentoristas: "Depois do Capítulo de 1764, a festa da Imaculada Conceição foi sempre celebrada com grande piedade e solenidade. Para preparar a festa, havia tríduos, novena ou oitava de preces e pregações"[96].

Para salvaguardar os seus propósitos, na V Sessão do Capítulo Geral de 1749 foi definido: "Que depois do curso de teologia, cada membro deve fazer o voto de defender a doutrina da Imaculada Conceição de Maria"[97]. Essa norma assegurou o comprometimento Redentorista na defesa da doutrina imaculista, garantindo que o legado alfonsiano não se perdesse e que seus confrades, recrutados nas fileiras imaculistas, fossem bravios combatentes. O voto de defesa da Imaculada Conceição perdurou pelo século XIX e as Regras latinas eram taxativas: "Os que se destinam ao sacer-

[93] BISINOTO, Eugênio Antônio. *Mãe do Belo Amor: introdução à mariologia de Santo Afonso de Ligório*, 115.
[94] Ibid., 113.
[95] Ibid.
[96] BISINOTO, op. cit., 115.
[97] CHIOVARO, Francesco. *História da Congregação do Santíssimo Redentor: As Origens*, 552.

dócio, terminado o tempo de estudos, farão o voto de defender a doutrina da Imaculada Conceição da Bem-aventurada Virgem Maria"[98]. Segundo Bisinoto: "A devoção mariana era parte do cotidiano dos redentoristas"[99] e, por séculos, eles mantiveram o legado alfonsiano. Os autores redentoristas imaculistas "propunham o mistério da Imaculada Conceição de modo simples, popular e convincente, insistindo sobre suas aplicações práticas"[100]. Por ocasião da proclamação do dogma da Imaculada Conceição: "Os redentoristas se alegraram com a proclamação do dogma, pois seu fundador deu uma contribuição preciosa em seus escritos"[101].

Sto. Afonso deu empreitada a muitas iniciativas e era seu irrestrito desejo fazer a doutrina da Imaculada conhecida por todos: "sua formação intelectual foi muito útil em sua arte religiosa e mariana"[102]. Segundo Bisinoto: "Em seu apostolado, Santo Afonso difundiu as glórias de Maria, incluindo o privilégio da Imaculada Conceição. Seu ensinamento era passado pelos livros, pelas pinturas que fazia e pelas canções que compunha"[103]. Ele foi um artista completo. Sua criatividade lhe permitiu ainda pintar diversas "Madonnas". Ele pintou uma tela em 1770, intitulada: *Gloria della'Immacolata nella Trinità*[104]. Essa bela pintura foi exposta na primeira igreja, sob os cuidados dos Missionários Redentoristas, em Ciorani (Itália). Segundo Rey-Mermet: "As estampas que temos de Afonso no cabeçalho de suas obras são de um simbolismo evidente – falam aos simples – de um desenho preciso e belo, de grande finura"[105]. Certamente, Sto. Afonso poderia ter dito como o romancista Novalis (1772-1801): "Vejo-te amorosamente representada em mil imagens, ó Maria, mas nenhuma delas é capaz de representar-te como minha alma te vê"[106].

Como compositor sacro, ele dedicou alguns versos de suas canções a Maria:

> Ó Maria, Virgem bela/ outra igual nunca se viu/ Criatura assim tão pura/ como vós, não existiu. [...] Esta Virgem, tão bela e tão pura/

[98] BISINOTO, Eugênio Antônio. *Mãe do Belo Amor: introdução à mariologia de Santo Afonso de Ligório*, 114.
[99] Ibid., 113.
[100] Ibid., 116.
[101] Ibid., 118.
[102] Ibid., 52.
[103] Ibid., 102.
[104] "A glória da Imaculada na Trindade" (*tradução nossa*).
[105] REY-MERMET, Théodule. *Afonso de Ligório, uma opção pelos abandonados*, 89.
[106] BALTHASAR, Hans Urs von. *O Culto a Maria hoje*, 30.

pelo sumo Senhor foi eleita/ para ser Mãe, tão perfeita/ que o meu coração conquistou. [...] Seu coração materno/ é todo doação/ sua alma imaculada/ perene intercessão[107].

Segundo Bisinoto: "Suas canções cantavam Nossa Senhora como virgem amável, rainha meiga, mãe de misericórdia, refúgio dos pecadores e esperança dos cristãos. Seus hinos marianos foram muito difundidos, caindo no gosto popular"[108]. Seus dotes artísticos lhe permitiram cantar as glórias da Imaculada Conceição nas mais variadas expressões artísticas, fazendo-lhe um artífice da Imaculada: "Através de sua longa vida, Afonso nada deixará infrutífero de tudo aquilo que o Senhor terá feito germinar em seu jardim. Todo talento será ativamente investido para a glória de Deus"[109]. Seu legado artístico-cultural permaneceu, pois "Santo Afonso foi defensor implacável da Imaculada Conceição. Seus seguidores, os redentoristas, conservam sua doutrina"[110].

1.3. A obra do Cardeal van Rossum

O missionário Redentorista holandês, Dom Willem Marinus Cardeal van Rossum (1854-1932) foi consultor da Congregação do Santo Ofício (1896), conselheiro da Comissão para a Codificação do Direito Canônico (1904), eleito consultor geral da Congregação do Santíssimo Redentor (1909), criado cardeal pelo papa Pio X com o título de cardeal-diácono de San Cesareo em Palatio (1911), presidente da Pontifícia Comissão Bíblica (1914), chefe da Penitenciária Apostólica (1915), elevado por Bento XV à categoria de cardeal-sacerdote titular de Santa Croce in Jerusalém (1915) e nomeado cardeal prefeito da Sagrada Congregação para a Evangelização dos Povos (1918). O Cardeal van Rossum foi um dos expoentes da cúria romana e se destacou por sua inteligência e seu domínio das letras.

Em 1904 ele publicou *S. Alphonsus M. de Ligorio et Immaculata Conceptio B. Mariae Virginis*[111], obra de vulto teológico-mariano, dividida em três partes: dogmática, ascética e poética. Em cada uma das partes de seu tra-

[107] FERREIRA, João José. *Santo, poeta e músico: Afonso Maria de Ligório*. Aparecida, SP: Editora Santuário, 2014, 74-82.

[108] BISINOTO, Eugênio Antônio. *Mãe do Belo Amor: introdução à mariologia de Santo Afonso de Ligório*, 52.

[109] REY-MERMET, Théodule. *Afonso de Ligório, uma opção pelos abandonados*, 94.

[110] BISINOTO, op. cit., 117.

[111] ROSSUM, Gulielmo M. van. *S. Alphonsus M. de Ligorio et Immaculata Conceptio B. Mariae Virginis*. Romae: Typographia Polyglotta, 1904.

balho, ele buscou aprofundar as contribuições fornecidas por Sto. Afonso na defesa da doutrina da Imaculada Conceição. Nosso predecessor no propósito, incumbiu-se do mesmo intento de apresentar a posição imaculista de Sto. Afonso. Nessa obra, ele expôs sua arguição da defesa alfonsiana da doutrina imaculista. Esse seu propósito nos impulsionou a aprimorar a tese e desenvolvê-la, segundo a Teologia Marial proposta pelo Concílio Vaticano II. Extraindo excertos das obras alfonsianas, ele demonstrou que Sto. Afonso era adepto da corrente imaculista e deixou isso expresso em diversas de suas composições, proposta que também nós buscamos demonstrar nesta obra, e que os escritos do Cardeal van Rossum respalda o nosso intento e lhe outorga a seriedade teológica que ele buscou alcançar.

Como dissemos anteriormente, a obra *S. Alphonsus M. de Ligorio et Immaculata Conceptio B. Mariae Virginis* (1904) está subdividida em três sessões. Teremos aqui a oportunidade de analisar, brevemente, cada uma delas. Cada sessão ressalta um conjunto de excertos alfonsianos de diversos períodos que, em seu cerne, expressam uma defesa imaculista.

Primeira parte: Dogmática – essa sessão se refere à parte doutrinal dos escritos alfonsianos. Ele apresentou um conjunto de escritos que fundamentariam sistematicamente a defesa da doutrina da Imaculada Conceição, segundo os escritos de Sto. Afonso. Ele se desdobrou especificamente sobre: *Expositio dogmatica et Defensio Immaculatae Conceptionis* (1769); *Dissertatio de Immaculata Conceptione* (1748); *Oratio dogmatica de Immaculata Conceptione* (1750); *De donis Immaculatam Conceptionem consequentibus*. Essas quatro fontes[112] foram elementares para a composição da obra do Cardeal van Rossum. Elas demonstram a exposição, o apoio e a defesa presente nos escritos alfonsianos. O Cardeal se deteve, exaustivamente, sobre cada um desses escritos na íntegra, argumentando que eles detêm o âmago imaculista e denotando que os escritos alfonsianos foram decisivos para o progresso da doutrina da Imaculada Conceição.

Segunda parte: Ascética – para compor essa sessão o autor se debruçou sobre algumas meditações compostas por Sto. Afonso. Tratam-se de textos para a festa da Imaculada Conceição[113], compostos em Nápoles em 1766 e meditações de caráter espiritual que apontam para as motivações alfonsianas em defesa da doutrina imaculista. A essas meditações para a festa da Imaculada se juntam reflexões de algumas invocações da ladainha lau-

[112] Cf. ROSSUM, Gulielmo M. van. *S. Alphonsus M. de Ligorio et Immaculata Conceptio B. Mariae Virginis*, 3.
[113] Cf. Ibid., 125-138.

retana, que Afonso apresentou como virtudes atingidas por Maria devido sua imaculatês. Na sequência, o Cardeal van Rossum apresentou algumas orações à Imaculada Conceição, compostas por Sto. Afonso[114]. Trata-se de um vasto conjunto de orações em que Sto. Afonso abordou o tema da Imaculada Conceição ou expressou o desejo da intercessão da Virgem Imaculada. Muitas dessas orações foram transcritas de sua obra: *As Glórias de Maria Santíssima* (1750). O Cardeal van Rossum apresentou ainda uma coletânea de dedicatórias[115] de Sto. Afonso à Imaculada, (são obras dedicadas à Virgem); *As visitas ao Santíssimo Sacramento e a Bem-aventurada Virgem Maria* (1744); *Teologia Moral* (1748); *Preparação para a morte* (1758). O Cardeal van Rossum encerrou a sessão ascética, apresentando uma série de jaculatórias à Imaculada Conceição[116]. Essas jaculatórias foram extraídas de várias obras alfonsianas e uma delas assim intercede: "*Laus Iesu nostro Redemptori et Mariae Immaculate nostrae Reginae et Matri!*"[117]

Terceira parte: Poética – o Cardeal van Rossum dedicou essa sessão[118] para refletir acerca de uma gama de versos, músicas e aclamações compostas por Sto. Afonso, que expressam sua predileção artística pela Imaculada Conceição. Trata-se de uma breve sessão na qual o autor retoma excertos poéticos, cujo tema é desenvolvido acerca da Imaculada. Esse recurso não deixa de ser uma forma didática aplicada por Sto. Afonso para exercer sua apologia imaculista. Sto. Afonso utilizou dos meios culturais e artísticos para alcançar uma parcela da sociedade erudita de seu tempo. É vasto seu legado artístico, que contribuiu para seu apostolado. O Cardeal van Rossum encerrou sua obra nos encorajando a sermos autênticos devotos de Maria e concluiu sua exposição com um excerto da obra: *As Glórias de Maria Santíssima* (1750).

A obra do Cardeal van Rossum contribuiu, significativamente, para fundamentar nossa obra. Como nosso predecessor, ele sintetizou o pensamento teológico alfonsiano a respeito da doutrina da Imaculada Conceição. Sua Eminência captou o ponto monárquico da mariologia de Sto. Afonso, o que muito favoreceu o desenvolvimento de nossa argumentação.

---

[114] Cf. Ibid., 139-175.

[115] Cf. ROSSUM, Gulielmo M. van. *S. Alphonsus M. de Ligorio et Immaculata Conceptio B. Mariae Virginis*, 183-191.

[116] Cf. Ibid., 213-216.

[117] "Louve Jesus nosso Redentor e Maria Imaculada nossa Rainha e Mãe". ROSSUM, Gulielmo M. van. S. Alphonsus M. de Ligorio et Immaculata Conceptio B. Mariae Virginis, 214 (tradução nossa).

[118] Cf. Ibid., 221-236.

IV

SANTO AFONSO MARIA DE LIGÓRIO E O JANSENISMO: A INFLUÊNCIA DO JANSENISMO NA TEOLOGIA DO SÉCULO XVIII

Apresentando inúmeras faces de uma mesma moeda, o jansenismo foi um fenômeno religioso que se originou na Europa e difundiu-se como uma perspectiva teológica; trata-se de uma heresia puritana e ideológica rigorista, que, após passar por diversas mutações, transformou-se em seita de Estado, cisma e partido de oposição[1]. A expressão jansenismo foi cunhada em homenagem a seu fundador, Cornélio Jansênio (1585-1638), um holandês herdeiro do pensamento de Miguel Baio (1513-1589), mestre da Universidade de Lovaina, silenciado pela Igreja com bula *Ex omnibus afflictionibus* (1567). Jansênio cursou filosofia na Universidade Lovaina, foi recusado para compor as fileiras da Companhia de Jesus, foi tardiamente confirmado bispo de Ypres, pelo papa Urbano VIII.

[1] Cf. MELO, Amarildo José de. *Jansenismo no Brasil: traços históricos de uma moral rigorista*. Aparecida: Editora Santuário, 2014, 17.

Cornélio Jansênio,

construiu um sistema em que substitui a liberdade humana por um jogo de tendência e de impulsos quase mecânicos. Em síntese, o seu pensamento é o seguinte: Adão era livre antes do pecado; se pecou foi porque possuía apenas a graça suficiente. Com o pecado perdeu a liberdade intrínseca e, em consequência, para qualquer ato bom o homem precisa da graça eficaz que determina necessária e infalivelmente a sua vontade. Isso significa que, depois do pecado original, o homem é intrinsecamente corrompido e dominado pela concupiscência[2].

O pensamento de Jansênio se juntou ao de tantos outros teólogos de seu tempo, com destaque para Duvergier de Hauranne, o *Saint-Cyran*, vigário-geral de Poitiers e abade comendatário do mosteiro de Saint-Cyran. Ambos aprovavam a doutrina do sínodo calvinista de Dordrecht (1618), que propunha:

1. Que a predestinação acontece por um decreto de Deus, independente dos méritos do homem;
2. Que o Salvador não morreu por todos os homens;
3. Que não se pode resistir à graça eficaz;
4. Que a graça suficiente não existe;
5. Que se o fiel não persevera na graça, é por causa do pecado original, que implica a reprovação positiva de Deus[3].

Mesmo com a proibição do papa Urbano VIII, foi publicado na Alemanha a polêmica obra *Augustinus* (1640), obra de inspiração calvinista, dividida em três tomos, que difundiu o pensamento jansenista pelo mundo. Com o advento do Iluminismo[4], a França tornou-se um terreno fértil para as ideias jansenistas, um grande defensor da corrente rigorista foi o controverso teólogo francês Pasquier Quesnel (1634-1719), que difundiu pela "*La France, fille préférée de l'Église*"[5] os ideais jansenistas. "A espiritualidade jansenista passou por notáveis evoluções ao longo

[2] Dicionário de Espiritualidade. Ermanno Ancilli, Pontifício Instituto de Espiritualidade Teresianum (orgs.). São Paulo: Edições Loyola; Paulinas, 2012, 1322.

[3] MELO, Amarildo José de. *Jansenismo no Brasil: traços históricos de uma moral rigorista*. Aparecida: Editora Santuário, 2014, 21-22.

[4] Movimento cultural que se desenvolveu na Inglaterra, Holanda e França, nos séculos XVII e XVIII.

[5] "A França filha predileta da Igreja" *(tradução nossa)*.

de sua história, como todo o movimento aliás. Primeiro e enquanto não ultrapassou as fronteiras da França, manteve um caráter predominantemente individualista ou pessoal, insistindo de preferência na vida interior de cada indivíduo"[6]. As ideias jansenistas perduraram por mais de um século na França e foram introduzidas no Seminário de São Sulpício de Paris, o que contribuiu para influenciar diversos autores eclesiásticos, dentre eles, São Luís Maria Grignion de Montfort (1673-1716), que em sua teologia transparece certo rigorismo de inspiração jansenista.

O jansenismo pode ser assim definido:

> É a heresia mais sutil que o demônio jamais teceu. Viram que os protestantes, separando-se da Igreja, se condenaram a si mesmo; tomaram, pois, por máxima fundamental de seu procedimento, não se separar dela exteriormente e protestar sempre submissão às suas decisões, prontos a excogitar sempre novas sutilezas para as explicar, parecendo assim submissos sem mudar de sentimentos[7].

As ideias de Jansênio se difundiram pela Itália, alcançando Roma e diversas outas partes da Europa. Foi também na Itália que o jansenismo encontrou o seu mais ferrenho opositor, o Pe. Afonso Maria de Ligório (1696-1787), que em diversos escritos combateu as teorias rigoristas e excludentes propostas pelos jansenistas. Foi tão acirrado o combate alfonsiano contra os jansenistas que por um vasto tempo "foi penoso introduzir nos seminários franceses a *Teologia Moral* de S. Afonso de Liguori; diocese houve em que os professores a qualificavam de *Theologia moralis seu potius immoralis*"[8]. Aos olhos dos franceses a teologia proposta por Sto. Afonso era considerada progressista ou mesmo laxista, teoria sem argumentos. A Igreja adotou a moral alfonsiana como sua moral, a ser ensinada nos institutos teológicos católicos, "Afonso, em sua *Teologia Moral*, realizou um prodígio de equilíbrio, o que lhe proporcionou aprovações sem número [...] A *Teologia Moral* de Santo Afonso, colocada pela Igreja ao abrigo de toda a censura, acha-se hoje em todas as mãos e pouco, como todos sabem, para merecer ao título de doutor"[9].

---

[6] Dicionário de Espiritualidade. Ermanno Ancilli, Pontifício Instituto de Espiritualidade Teresianum (orgs.). São Paulo: Edições Loyola; Paulinas, 2012, 1323.

[7] BERTHE, Pe. Agostinho. *Santo Afonso Maria de Ligório*. Rio de Janeiro: Editora CDB, 2018, 229.

[8] PIRES, Pe. Heliodoro. Galicanismo e Jansenismo em França e no Brasil. In *Revista Vozes de Petrópolis*, v. 11, (1953). 598.

[9] BERTHE, Pe. Agostinho. *Santo Afonso Maria de Ligório*. Rio de Janeiro: Editora CDB, 2018, 276.

O jansenismo difundia um radicalismo excludente, pois sua doutrina estava alicerçada na teoria da predestinação, e propunha que depois do pecado original os homens perderam a liberdade de escolha entre o *bem* e o *mal*, tornando-se fadados a cumprir a vontade deliberada de Deus que destinava uns para o bem e outros para o mal, não sendo a *graça* suficiente para alterar a natureza humana, impossibilitando o querer humano de mudar a realidade a que estava fadado. Preceitos que contradizem enfaticamente a doutrina católica que reconhece como dádiva divina o livre arbítrio. Segundo o Pe. Berthe: "Afonso via que o rigorismo tinha a dupla desvantagem de multiplicar os pecados e de impedir as conversões"[10]. O jansenismo propunha uma teologia do medo, dos eleitos e dos segregados, seus preceitos propunham "o medo de não pertencer ao número dos eleitos – pequeno grupo – invade todo o movimento"[11], com isso "desenvolve-se em seu interior gélido rigorismo que se manifesta em penitências extravagantes, em pessimismo e desprezo da natureza humana"[12].

Podemos observar que a resposta de Sto. Afonso é concreta, sua experiência mística:

> Contradiz toda a doutrina jansenista, porque, se Deus se revela em seu Filho como Amor-Misericórdia, então os homens não podem ser vistos como uma 'massa de condenados'. Muito pelo contrário, há um mistério de amor do Deus de Jesus penetrando gratuitamente em todos os seres humanos. Importa que esse amor seja proclamado para que o homem dele tome consciência e responda com amor igual, perfazendo um caminho não só de salvação, mas de santificação[13].

O jansenismo deixou demasiadas marcas na moral cristã e influenciou o *ethos* católico europeu do século XVIII e XIX, suas teorias radicais e puritanas criaram uma mentalidade que perduraram por séculos na Igreja, chegando até a atualidade. O jansenismo se manifestou em quatro vertentes: teológica, moral, reformista e jurisdicionalista[14]. Sto. Afonso

[10] Idem, 271.

[11] MELO, Amarildo José de. *Jansenismo no Brasil: traços históricos de uma moral rigorista*. Aparecida: Editora Santuário, 2014, 321.

[12] Idem.

[13] SILVA, José Ulysses da. *Espiritualidade Redentorista*. Goiânia, GO: Scala, 2015, 35.

[14] Cf. Dicionário de Espiritualidade. Ermanno Ancilli, Pontifício Instituto de Espiritualidade Teresianum (orgs.). São Paulo: Edições Loyola; Paulinas, 2012, 1323-1324.

expressou sua oposição às teorias jansenistas em uma obra[15] específica, na qual apresentou diversas heresias, dando destaque para a heresia jansenista. No livro em questão, ele aponta como as teorias jansenistas influenciaram a teologia francesa. Era próprio da cultura francesa, do século XVII e XVIII, uma inclinação para o rigorismo.

A moral alfonsiana foi uma opositora da corrente jansenista, Sto. Afonso buscou dar resposta à altura das sentenças rigoristas, sua expressão Maria *spes nostra*[16], era repudiada pelos jansenistas, que se recusavam a reconhecer a Virgem Maria como intercessora do gênero humano. Segundo o Pe. Berthe: "O leitor notará que Santo Afonso é o doutor da salvação, mas da salvação pela Santíssima Virgem"[17]. O legado alfonsiano propiciou à Igreja a supressão da heresia jansenista e traçou novos rumos à moral católica. Observou ainda o Pe. Berthe: "As *Glórias de Maria* difundidas pelo mundo inteiro, inauguraram o renascimento do culto de Maria, e abriram a era da esperança mostrando de um lado a Virgem Imaculada, as mãos cheias de graças, e do outro, o rosário do servo de Maria como meio de as obter"[18].

---

[15] LIGÓRIO, Santo Afonso Maria de. *História das heresias e suas refutações*. Campinas, SP: Ecclesiae, 2020.

[16] Tradução livre: Esperança nossa. Termo muito utilizado por Sto. Afonso para designar Maria como esperança dos cristãos, o termo foi utilizado por diversas vezes na obra: Glórias de Maria (1750).

[17] BERTHE, Pe. Agostinho. *Santo Afonso Maria de Ligório*. Rio de Janeiro: Editora CDB, 2018, 237.

[18] Idem.

CONCLUSÃO

Ao estilo da clássica teologia escolástica expusemos nossa argumentação seguindo o raciocínio aristotélico-tomista. Desenvolvemos nossa exposição motivados pela seriedade de uma Mariologia que se quis autêntica. Pautamo-nos por três princípios fundamentais: histórico, dogmático e prático, buscando fundamentá-los e desenvolvê-los, a partir de um raciocínio teológico-sistemático. Esta obra nos permitiu adentrar no vasto campo da Mariologia e nos ensinamentos de Sto. Afonso Maria de Ligório e sua relação com a doutrina da Imaculada Conceição, ela nos proporcionou desenvolver o tema ao qual nos propusemos, bem como, apresentar aos nossos leitores um breve Tratado de Teologia Marial e uma breve iniciação ao pensamento alfonsiano.

Nossa obra examinou as proposições mariológicas acerca da Teologia Marial dogmática buscando, na Teologia Sistemática, de modo específico, na área da Mariologia, uma argumentação que sustentasse a problemática à qual nos propusemos. No decurso de nossa exposição, examinamos o processo de desenvolvimento dos dogmas marianos, o que resultou nas implicações teológicas e pastorais deles. Nosso estudo indagou a relevância dos contributos teológicos fornecidos por Sto. Afonso Maria de Ligório para o desenvolvimento da doutrina da Imaculada Conceição. Ele permeou algumas interrogações imprescindíveis: O que é a Teologia Marial e qual sua importância para a Teologia? De que forma os dogmas marianos devem ser compreendidos? Qual a validade dos dogmas marianos para a atualidade? Qual a relação de Sto. Afonso com o dogma da Imaculada Conceição? E quais foram os contributos teológicos fornecidos por ele para o desenvolvimento da doutrina imaculista e, posteriormente, para a proclamação do dogma? Buscamos contemplar todas essas questões em nossa exposição como, em suma, veremos a seguir.

No primeiro capítulo, com a interrogação: "*Quae est ista?*" (Ct 3,6), procuramos responder quem foi Maria de Nazaré, destacando elementos históricos e teológicos. Apresentamos, em síntese, o conceito de Teologia Marial e suas variantes, bem como uma resumida apreciação do desenvolvimento histórico da Mariologia. Destacamos os dados bíblicos, os escritos patrísticos dos primeiros séculos, os tratados dos autores eclesiásticos e as ponderações provenientes do Magistério da Igreja. Denotamos as discussões marianas oriundas do Concílio Vaticano II, que deram passos significativos para o desenvolvimento de uma Mariologia consolidada e compatível com a Cristologia e a Eclesiologia. Encerramos expondo uma brevíssima análise sobre a Cristologia Marial, ciência análoga à Mariologia, cuja finalidade é esclarecer a pessoa de Jesus Cristo. Esse capítulo foi o sustentáculo de nossa argumentação.

No segundo capítulo nos ocupamos em apontar o percurso histórico, bíblico e teológico da dogmática mariana, contemplando os quatro dogmas marianos. Os dogmas não devem ser compreendidos como um *privilégio* concedido a Maria, em sentido pejorativo do termo, ou mesmo, de forma que a distancie da realidade humana. Antes, eles são expressões da ação da Graça divina que, ao dispensá-los a Maria, fazia-os a toda a humanidade. Os dogmas marianos não são caprichos pontifícios, mas sim uma resposta eclesial a um tempo específico que, com suas limitações, não podiam responder a determinadas indagações. São atos eclesiais assistidos pela ação benevolente da Trindade, que não exime valores essenciais. O dogma ilumina a fé, esclarece a doutrina e desmistifica o *sensus fidelium*. O dogma mariano é uma riqueza da Igreja, que por sua vez é a única instituição com autoridade capaz de emitir uma nota oficial, passível de observância, relativa a Maria Santíssima. Quando a Igreja fala de Maria, ela fala de sua *Mater et Magistra*, mãe na ordem do mistério de Cristo, como prescreve o Concílio Vaticano II e mestra na aplicação eclesial dos ensinamentos cristãos.

No terceiro capítulo, apresentamos a biografia de Sto. Afonso Maria de Ligório, denotando seus contributos à doutrina da Imaculada Conceição. Iniciamos com o relato, que narrou de sua infância à vida adulta, sua polida formação, suas composições musicais e obras literárias. Detivemo-nos especialmente na obra: *As Glórias de Maria Santíssima* (1750), literatura de vulto que o destacou como mariólogo. Expusemos diversos aportes teológicos alfonsianos à doutrina da Imaculada, demonstrando as iniciativas propostas por ele para defender sua posição imaculista. Refletimos o axioma: "*De Maria nunquam satis*", na convicção de que Sto. Afonso compreendeu que seus esforços imaculistas nunca abarcariam o todo da defesa imaculista. Sto. Afonso foi um imaculista convicto e inspirou o papa Pio IX que, em 1854, proclamou o dogma da Imaculada Conceição. Encerramos apresentando a obra mariana do Cardeal Redentorista Dom Willem Marinus van Rossum, nosso predecessor, aquele que escreveu uma tese contendo a arguição da defesa imaculista de Sto. Afonso. Essa tese fundamentou nossa obra e lhe outorgou a seriedade teológica que ele buscou alcançar.

No quarto capítulo, fizemos uma breve apresentação do pensamento teológico de Sto. Afonso Maria e o combate ao jansenismo, bem como a influência do jansenismo na Teologia do século XVIII. Esse capítulo nos permitiu compreender os fundamentos do pensamento alfonsiano e os motivos pelos quais Sto. Afonso buscou combater no seio da Igreja essa heresia que tanto prejudicou a Teologia católica. A Mariologia alfonsiana foi uma resposta ao jansenismo, quando Sto. Afonso se posicionou a favor da doutrina da Imaculada Conceição e propôs Maria como "*Spes nostra*", ele foi enfático no combate à heresia jansenista. Sto. Afonso compreendeu que a Imaculada Conceição era a resposta à heresia jansenista no século XVIII.

No decorrer de nossa obra buscamos delimitar o assunto, por isso, ao tratarmos do tema da Imaculada Conceição, não abordamos demasiadamente às questões pertinentes ao pecado original, culpa, mancha ou mesmo herança de Adão. Sendo de interesse dos leitores, eles poderão aprofundar-se a respeito desses temas em obras específicas. Bem como, os recentes estudos teológicos que se amparam em contribuições arqueológicas, exegéticas, culturais e devocionais. Cremos que a Teologia Marial tem avançado significativamente nos últimos anos e o tema da Imaculada Conceição de Maria é um ponto para ser aprofundado. Os teólogos têm um vasto campo para colaboração mariológica.

Era nosso intento explanar concisamente a respeito da colaboração teológica fornecida por Sto. Afonso Maria de Ligório, sem desconsiderar sua devoção e piedade pessoal, bem como, seu legado e desenvolvimento teológico sobre o assunto. A proposta moral de Sto. Afonso, o *equiprobabilismo*, continua a ser uma posição muito recorrente. Ela foi determinante para que o papa Pio IX optasse pela proclamação do dogma da Imaculada Conceição e pusesse fim a antigas controvérsias entre os imaculistas e maculistas.

Concluímos este livro depois de todo o percurso trilhado e agora podemos apenas considerar o que disse o romancista Novalis (1772-1801): "Vejo-te amorosamente representada em mil imagens, ó Maria, mas nenhuma delas é capaz de representar-te como minha alma te vê"[1]. Na incumbência de relatar as glórias de Maria Santíssima, dedicamo-nos, com afinco e seriedade, a essa exposição, para que ela contribua no desenvolvimento da devoção mariana.

[1] BALTHASAR, Hans Urs von. *O Culto a Maria hoje*, 30.

REFERÊNCIAS BIBLIOGRÁFICAS

BÍBLIAS

BÍBLIA DE JERUSALÉM. 10ª reimpressão. São Paulo: Paulus, 2015.

BÍBLIA SACRA. Iuxta Vulgatam Versionem. Sociedade Bíblica do Brasil, 2007.

DOCUMENTOS DO MAGISTÉRIO

CATECISMO DA IGREJA CATÓLICA. 19ª. ed. Petrópolis, RJ: Vozes; São Paulo: Paulinas, Paulus, Loyola, Ave-Maria, 2017.

CONCÍLIO VATICANO II. *Lumen Gentium*. In: *Compêndio do Vaticano II*. Petrópolis, RJ: Vozes, 29 ed. 2000, p. 103-113.

JOÃO PAULO II. *Carta Apostólica Rosarium Virginis Mariae*. Vaticano, 2002.

PAULO VI. *Exortação Apostólica Marialis cultus*. São Paulo: Paulinas, 1974.

PIO XII. *Carta Encíclica Ad caeli Reginam*. Vaticano, 1954.

PIO XII. *Carta Encíclica Fulgens Corona*. Coleção Theotókos, vol. 9. Brasília: Edições CNBB, 2016.

DICIONÁRIOS

ANCILLI, Ermanno. *Dicionário de Espiritualidade*. Pontifício Instituto de Espiritualidade Teresianum (orgs.). São Paulo: Edições Loyola; Paulinas, 2012.

BOLAND, S. J. *A. Dictionary of the Redemptorists.* Romae: Tipografia Editrice M. Pisani, 1987.
FERREIRA, Aurélio Buarque de Holanda. *Mini Dicionário Aurélio: o dicionário da língua portuguesa.* 8ª ed. Curitiba: Editora Positivo, 2010.
FIORES, Stefano De; MEO, Salvatore (Org.). *Dicionário de Mariologia.* Trad. Álvaro A. Cunha, Honório Dalbosco e Isabel F.L. Ferreira. São Paulo: Paulus, 1995.
MIORANZA, Ciro. *Dicionário da língua morta: a origem de máximas e expressões em latim.* São Paulo: Editora Escala, 2010.
POLITO, André Guilherme. *Michaelis: dicionário escolar italiano.* 2ª ed. São Paulo: Editora Melhoramentos, 2009.

LIVROS

ALIGHIERI, Dante. *A Divina Comédia. Paraíso, Canto XXXIII.* São Paulo: Martin Claret, 2002.
AQUINO, Tomás de. *Suma teológica I.* Vol. 4. Campinas, SP: Editoras Permanência & Ecclesiae, 2017.
______. *Suma teológica III.* Vol. 1. Campinas, SP: Editoras Permanência & Ecclesiae, 2017.
BALTHASAR, Hans Urs von. *O Culto a Maria hoje.* São Paulo: Paulinas, 1979.
BARRIENDOS, Vicente Ferrer. *Jesus Cristo nosso Salvador: Iniciação à Cristologia.* Lisboa: DIEL, 2005.
BENTO XVI. *Jesus de Nazaré: da entrada em Jerusalém até a ressurreição.* São Paulo: Editora Planeta do Brasil, 2011.
________. *Doutores da Igreja: coleção catequese do papa.* São Paulo: Paulus, 2012.
BERTHE, Pe. Agostinho. *Santo Afonso Maria de Ligório.* Rio de Janeiro: Editora CDB, 2018.
BISINOTO, Eugênio Antônio. *Mãe do Belo Amor: introdução à mariologia de Santo Afonso de Ligório.* Aparecida, SP: Editora Santuário, 2017.
BOFF, Clodovis. *Mariologia Social: O significado da Virgem para a sociedade.* São Paulo: Paulus, 2006.
_____. *Dogmas marianos: síntese catequético-pastoral.* São Paulo: Editora Ave-Maria, 2010.
_____. *Introdução à Mariologia.* Petrópolis, RJ: Vozes, 2017.

CANTALAMESSA, Raniero. *Maria, um espelho para a Igreja*. Aparecida, SP: Editora Santuário, 2013.

CHIOVARO, Francesco. *Santo Afonso: no tricentenário de seu nascimento: 1696-1996*. Aparecida, SP: Editora Santuário, 1996.

_________. *História da Congregação do Santíssimo Redentor: As Origens*. Aparecida, SP: Editora Santuário, 2019.

DEL GAUDIO, Daniela. *Maria de Nazaré: breve tratado de mariologia*. São Paulo: Paulus, 2016.

DENZINGER, Heinrich. *Compêndio dos símbolos, definições e declarações de fé e moral*. São Paulo: Paulinas, Edições Loyola, 2015.

DUPUIS, Jacques. *Introdução à Cristologia*. São Paulo: Loyola, 2015.

FERREIRA, João José. *Santo, poeta e músico: Afonso Maria de Ligório*. Aparecida, SP: Editora Santuário, 2014.

FORTE, Bruno. *Maria, a Mulher ícone do mistério*. São Paulo: Paulinas, 1991.

GARRIGOU-LAGRANGE, Réginald. *A mãe do Salvador e nossa vida interior*. Campinas, SP: Ecclesiae, 2017.

JUNG, Carl Gustav. *Resposta a Jó*. Petrópolis, RJ: Vozes, 1980.

KRIEGER, Murilo S. R. *Com Maria, a Mãe de Jesus: Mariologia para leigos*. Aparecida, SP: Editora Santuário, 2017.

LAURENTIN, René. *Breve Tratado de teologia mariana*. Petrópolis, RJ: Vozes, 1965.

LEITGÖB, Martin. *Afonso de Ligório: Mestre da Oração e da Misericórdia*. Aparecida, SP: Editora Santuário, 2014.

LIGÓRIO, Afonso Maria de. *Glórias de Maria*. Aparecida, SP: Editora Santuário, 2006.

LIGÓRIO, Santo Afonso Maria de. *História das heresias e suas refutações*. Campinas, SP: Ecclesiae, 2020.

MELO, Amarildo José de. *Jansenismo no Brasil: traços históricos de uma moral rigorista*. Aparecida, SP: Editora Santuário, 2014.

MESSORI, Vittorio. *Hipóteses sobre Maria: fatos, indícios, enigmas*. Aparecida, SP: Editora Santuário, 2008.

OROZCO, Antonio. *Mãe de Deus e mãe nossa*. São Paulo: Quadrante, 2016.

PAREDES, José Cristo Rey García. *Mariologia: síntese bíblica, histórica e sistemática*. São Paulo: Editora Ave-Maria, 2011.

PINTO, Pe. Rafael Augusto Linhares. *Compêndio de Mariologia*. São Paulo: Cultor de Livros, 2018.

RAVASI, Gianfranco. *Os rostos de Maria na Bíblia*. São Paulo: Paulus, 2008.

REY-MERMET, Théodule. *Afonso de Ligório, uma opção pelos abandonados*. Aparecida, SP: Editora Santuário, 1984.

ROSSUM, Gulielmo M. van. *S. Alphonsus M. de Ligorio et Immaculata Conceptio B. Mariae Virginis*. Romae: Typographia Polyglotta, 1904.

SAMPEL, Edson Luiz, (Org). *Principais documentos dos papas sobre Nossa Senhora: do beato Pio IX a Francisco*. São Paulo: Edições Fons Sapientiae, 2017.

SCHILLEBEECKX, Edward. *Maria, Mãe da Redenção*. Petrópolis, RJ: Vozes, 1968.

SHEEN, Fulton J. *Vida de Cristo*. Vol.1. Rio de Janeiro: Petra, 2018.

SILVA, José Ulysses da. *Espiritualidade Redentorista*. Goiânia, GO: Scala, 2015.

ARTIGOS DE REVISTA E PERIÓDICOS

CAPONE, Domenico. La dottrina di S. Alfonso sulla concezione immacolata di Maria SS.ma. In: *Spicilegium Historicum Congregationis SSmi Redemptoris*, annus III, (1955), p. 72-106.

KOSER, Frei Constantino. O Constitutivo Metafísico da Maternidade Divina de Maria Santíssima. In: *REB*, v. 14, fasc. 2, (1954), p. 285-304.

PIRES, Pe. Heliodoro. Galicanismo e Jansenismo em França e no Brasil. In: *Revista Vozes de Petrópolis*, v. 11, (1953).

SANTONICOLA, Alfonso. *Il* "Voto del Sangue" per L'Immacolata e S. Alfonso de Liguori. In: *Spicilegium Historicum Congregationis SSmi Redemptoris*, annus III, (1955), p. 199-215.

ÍNDICE

Este livro foi composto com as famílias tipográficas Cambria e Cinzel
e impresso em papel Book Ivory Slim 65g/m² pela **Gráfica Santuário.**